Anouckaの’60s-’70s

（アヌーシュカ）

英国ヴィンテージトピア

31のキーワードとヴィジュアルで
読み解くロンドンファッション

AtoZ

金子美雪

Introduction
はじめに

「ヴィンテージトピア」をめぐる冒険譚

1 972年3月20日、NHKの「ヤング・ミュージック・ショー」でローリング・ストーンズのハイド・パークでのフリー・コンサートがオンエアされた。1969年7月5日に行われたブライアン・ジョーンズの追悼ライヴである。私は13歳で洋楽ファン。この日を境に、違う人間になった。

　白いふんわりとしたチュニックに白のフレア・パンツ。この衣装で激しく歌い踊るミック・ジャガーの両性具有的（アンドロギュノス）な魅力の虜になってしまった。お小遣いから捻出してレコードや洋楽雑誌を買い、ベッドのヘッドボードの上とレコード・プレイヤーの上には輸入ものものビッグ・サイズのミックのポスターを飾った。なぜなら、そこは神聖な場だから。ローリング・ストーンズと彼らのガールフレンド、マリアンヌ・フェイスフルやアニタ・パレンバーグは私にとっての神々となり、どんな風に服を着るか、どんな態度をとるのがクールなのか、を学んだ。いつの間にか部屋は彼らのレコード、雑誌、本で埋め尽くされた。

　こうして開いた第3の目——それは万華鏡（カレイドスコープ）のような目である——で見た英国の"デケイド（1963-1973年）"について綴ったのが、この本だ。

　悲しいことに、私は60年代には遅れてきた子どもだ。それがよけいに憧憬の気持ちを強くさせた。"あらかじめ失われた60年代"をなんとか体現する手立てとなったのがファッションだ。60年代の本物の英国の服を身に着け、アジア人特有の平たい顔であることなど気にせず、ヘアもメイクも真似た。

　そして1987年の夏、国分寺に生まれたのが〈Anouchka〉だ。英国のレディースの'60sと'70sのヴィンテージの服と小物を売る店。それはいまも変わらない。

　私にとっての60年代とは、ローリング・ストーンズがレコード・デビューした1963年からオイル・ショックが起きた1973年まで。それまでなんとなく続いていた60年代っぽいものにとどめを刺したのがオイル・ショックだったからだ。原材料が高騰し、レコードはペラペラに薄くなり、本には再生紙が使われた。映画はニュー・シネマが終焉を迎え、『ペーパー・ムーン』（1973）や『華麗なるギャツビー』（1974）といった作品群が懐古趣味に黄昏（たそがれ）ていく。ファッションでもいち早くこの流れに勘付いた人は長い髪を切り、絞り染めのTシャツやベルボトムのジーンズはもはや"アウト"になり、ヒッピーの自然回帰志向へのアンティテー

ゼとして、人工的でグリッターなグラム・ファッションが妖しく咲き乱れる。やがてそれも飽きられ、今度は洗練された都会的なスタイルへと変わる。

　〈Anouchka〉でのある日の私は、三つ編みをほどくとできる肩より長いカーリー・ヘアで、薔薇色のゴブラン織りのマキシ・コートにキリム生地のショルダー・バッグを肩にかけ、編み上げのロング・ブーツを履いていただろう。メイクもちろん〈Biba〉のコスメ。ダークなカラーでデカダンを気取って。またある日は、顔が半分隠れる大きなツバのフロッピー・ハットを被り、〈Biba〉のフェイク・ファーの豹柄のジャケットとミディ丈のスカートで、プラットフォームの靴にカラータイツを合わせて、'70sのグラム・ファッションでキメる。頭の中ではT.レックスの「メタル・グルー」がガンガン流れる。

　ロック・スターや彼らのガールフレンドにはなれないけれど、気分にはなれる。それが私の店〈Anouchka〉だ。ヴィンテージを着ること＝憧れの時代を擬似体験すること。その時、私たちは「ヴィンテージトピア」というどこにもない時間軸のパラレル・ワールドに生きている。

　きっかけはなんであってもいい。もしあなたが英国のこの時代に興味をもったら、ぜひ〈Anouchka〉を訪れてみてほしい。国分寺の駅からすぐ。向かいには東京の"ヴィレッジ・グリーン"——私はキンクスのこの曲に漂う霧雨に濡れた煉瓦と蔦を思わせる"湿り気"にこそ英国を感じる——こと殿ヶ谷戸庭園の緑が見えるから。1969年に竣工されたヴィンテージ・マンション「国分寺マンション」の半地下にひっそりと佇む小さな宝物箱のような店。それが〈Anouchka〉だ。

　この本は〈Anouchka〉を構成する遺伝子について語ったものでもある。それらは〈Anouchka〉という五月祭のメイポールを支柱にして、それからつながれた細長いリボンの端を持ち、花の冠を被った少女たちの姿となって、いつまでもクルクルと回りながら踊り続けることだろう。そして、これはまた失われた英国の60年代、もしくは「ヴィンテージトピア」をめぐる私の冒険譚なのでもある。

キンクス「ヴィレッジ・グリーン・プリザヴェイション・ソサエティ」を聴きながら。

金子美雪

Contents

※本文内に使用している図版は、一部のストックフォトを除き、すべて著者私物より引用。

A
Apple Boutique

アップル・ブティック

わずか8カ月で終わった
極彩色の夢のような店

シャーロック・ホームズが鹿撃ち帽を被り、インヴァネス・コートの裾を翻しながら歩いた"霧のベイカー街"。それからおよそ1世紀が経ち、1967年12月5日、94番地に建つジョージアン様式のタウンハウスに"ビューティフル・ピープル"と呼ばれたファッショナブルな著名人が詰めかけた。2日後にオープンするビートルズの〈Apple Boutique〉を祝うパーティに出るためである。店の発案はポール・マッカートニー。コンセプトは「ビューティフルな人々がビューティフルなモノを買うことができるビューティフルな場所」であり、それにふさわしい服、アクセサリー、ポスターなどが売られた。

パーティのゲストの顔ぶれを紹介しよう。エリック・クラプトン、彼のガールフレンドのシャーロット・マーティン*、クリームのベーシストのジャック・ブルース、ビートルズと同じリヴァプール出身で、彼らのマネージャーのブライアン・エプスタインと契約を結んでいた歌手のシラ・ブラック、モデルのツイッギーと彼女のマネージャー兼ボーイフレンドのジャスティン・ド・ヴィルヌーヴ、映画『ビートルズがやって来るヤァ! ヤァ! ヤァ!』(1964)『ヘルプ! 4人はアイドル』(1965)を撮った監督のリチャード・レスターなど。

入り口ではピエロがゲストに林檎を渡し、アップル・ジュースがふるまわれた。ホストのビートルズはというと、リンゴ・スターは映画『キャンディ』(1968)の撮影でイタリア、ポールはホリデーでスコットランドにいて姿を見せなかった。ジョンとシンシア夫妻、ジョージとパティ夫妻が林檎をかじったり、アップル・ジュースをすすったりしながらゲストを迎えた。そして、虹のようにカラフルな衣装を着たザ・フールの4人が笛やタンバリンを演奏し、場を盛り上げる。彼らはひとりのイギリス人を除いてオランダ出身のアーティストからなるデザイン集団。

中央は当時ジョージ・ハリスンの妻であり、
早くからザ・フールのファンだったパティ・ボイド。
〈Apple Boutique〉のファッションを纏い、
ザ・フールが制作した壁画の前でポーズをとる。

©Ronald Traeger. *British Vogue*. The Condé Nast Publications. 1968.1

もとはといえばパティと親しく、彼女のために
ヒッピー風の服をつくっていた彼らを、1967年
9月、パティがビートルズに紹介する。彼らの
作品を気に入ったビートルズが10万ポンドの資
金を出し、〈Apple Boutique〉で販売する服のデ
ザイン、インテリア、外壁のペインティングの
制作を任せることにした。

　〈Apple Boutique〉はビートルズが始めた企
業、アップル・コーの小売業部門。アップル・
レコードのレーベルでおなじみなのが、青い林
檎*がデザインされたロゴだが、これには元ネタ
がある。ポールが画商のロバート・フレイザー*
から買った、林檎にフランス語で"Au revoir(さ
ようなら)"と描かれた、ベルギーのシュルレア
リスムの画家ルネ・マグリットの《Le Jeu de
Mourre》という作品だ。

　さて、ブティックに話を戻そう。店はベイカー
街94番地の建物の1階にあり、外壁にはレイン
ボー・カラーの巨大なランプの精ジーニーが描
かれた。制作期間は1967年11月10日から12日
のたった3日間。突如現れた極彩色のサイケデ
リックな壁画に、住民はさぞかし度肝を抜かれ
たことだろう。実際この界隈の不評を買い、翌
年5月には白く塗りつぶされ、カーブした書体
の"Apple"の文字だけがつつましく描かれたファ
サードへと変えられる。ビートルズが1967年6
月にリリースした『サージェント・ペパーズ・
ロンリー・ハーツ・クラブ・バンド』の、おも
ちゃ箱をひっくり返したような原色の洪水の世
界から、1968年11月の次作、通称『ホワイト・
アルバム』では真っ白な紙にTHE BEATLESとエ
ンボス加工で浮き上がるシンプルなものへと移
行した時期とちょうど符合するのが興味深い。

　〈Apple Boutique〉では、ザ・フールがデザイ

激しく賛否両論を呼んだ壁画。
結局はウエストミンスター・
カウンシルの命令により
塗り替えられた。

1. 〈Apple Boutique〉のデザイナー、ザ・フール。
©Ferris1182

2.1967年12月のオープン初日、
店員を務めるジェニー・ボイド。
姉のパティは1966年にジョージ・ハリスンと結婚した。
©James Henke, Charles Perry, Barry Miles.
I Want To Take You Higher; The Psychedelic Era 1965-1969. Chronicle Books. 1997

3.高価な"アップル"の商品が無料とあって、長蛇の列。
客は袋にありったけの服を詰め込んだ。
© ミュージック・ライフ . 新興楽譜出版社 . 1968. 10

ンした、まるで『千夜一夜物語』のシェヘラザードのような服が売られ、ウインドーには7つの異なる民族のマネキンが飾られていた。パティの妹ジェニーも店員として働いたが、万引きが当たり前のように横行し、スタッフばかりかザ・フールまでが商品を勝手に持ち出すというありさま。その放埒な経営のために、わずか8カ月にも満たない翌年7月30日にあっけなくその幕を閉じたのである。

　「閉店セールをするより、この際、店の商品を全部みんなにあげてしまおう」というビートルズのアイディアから、店にある商品は前日にビートルズ、そして彼らの妻やガールフレンドが気に入ったものを持ち帰り、最終日には一般の客に無料で与えられた。これは当時流行したパフォーマンス・アートの「ハプニング」とし

てのイベントでもあり、その模様は撮影された。〈Apple Boutique〉の閉店は、1967年6月のモンタレー・ポップ・フェスティバルに象徴される、いわゆる「サマー・オヴ・ラヴ」の終わりの始まりを告げる出来事かもしれない。タダの品物を求めて朝から大勢の客が押し寄せ、しまいには奪い合いまで起こり、警官が出動する騒動になった。あとは、カラになった店内にたくさんのハンガーだけが所在なさげにぶら下がった。まるで総天然色の儚い夢のあとを物語るかのように。

＊シャーロット・マーティン：ファッションモデル。のちにジミー・ペイジのパートナーとなった。
＊青い林檎：グラニースミスという品種。イギリスでは街角や地下鉄などで、この林檎をかじっている人の姿をよく見かける。
＊ロバート・フレイザー：グルーヴィー・ボブと呼ばれた時代の寵児。1967年2月、キースとミック・ジャガーとともに麻薬捜査事件で逮捕された。

B

Biba

ビバ

デカダンでノスタルジック 一度でも袖を通せば虜に

〈Biba〉のコスメを使った、
まるでビスクドールのようなメイク。
ヘアはレナード・ルイス。

©Sarah Moon, *British Vogue*.
The Condé Nast Publications. 1972. 3/15

1 988年冬、私は初めてのロンドンにいた。前年、国分寺にオープンしたヴィンテージ・ショップ〈Anouchka〉の買い付けのためだ。雑誌のロンドン特集の切り抜きをいくつかと、『ミュージック・ライフ』元編集長の水上はるこさんが書いた『新ロンドンに行きたい。ロックと最新流行を体験する旅』と、『地球の歩き方ロンドン』だけが頼りの、現地になんのコネクションもない、いまから思えば無謀とも思える旅だった。だが、若さとはそういうことだ。

日本からロンドンへの直行便は日本航空か英国航空、もしくは乗り継ぎの必要はあるが2社よりチケット代が10万円ほど安いソ連のアエロフロートがあった。1ポンドが当時約230円。インターネットも格安航空券もなかった時代のお話だ。一緒に行く友人の芝山くんとアエロフロート日本支社でチケットを買う。オフシーズンの2月で往復14万円くらいだったろうか。

アエロフロートは、ソ連製のイリューシンⅡという航空機を使用していた。成田で初めてそれを目にした芝山くんが「プロペラ機じゃないよね?」と言った。もちろんジェット機なのだが、それほど心細くなるくらいに小さく見えた。座席もバス並みに狭く、お世辞にも乗り心地がいいとはいえない。スプリングが飛び出しそうなシートさえあった。映画や音楽など機内のエンターテインメントは一切なし。私はウォークマンとカセットテープを手荷物のバッグに入れて、長いフライトに備えた。狭い通路いっぱいに歩く大柄なロシア人キャビンアテンダントはまるで西側の人間には一切愛想よくしてはいけないという規則でもあるかのように無表情だ。

それでもこんな旅でなければ体験できない面白い出来事があった。もともとこの旅はロンドンに留学する芝山くんがたてたプランで、私は彼の旅程にのったわけだ。10時間ほどで経由地のモスクワ空港に着き、乗り継ぎの便まで

1971年、〈Biba〉はアメリカへ進出。
『seventeen』に 6 ページの特集が組まれた。

1."Big Biba" のレインボウ・ルームにて。
帽子、ジャケット、スカート、バッグ
すべて〈Biba〉。

©John Bishop, Alwyn W. Turner, Steven Thomas.
Big Biba: Inside the Most Beautiful Store in the World.
Antique Collectors Club Dist. 2006

2.1973 年 9 月、"Big Biba"
オープンの日に客に配られた新聞。
中面にはフロア案内も。

3.1968 年 10 月発行の〈Biba〉
メール・オーダー・カタログの表紙。

4. カタログのデザインはジョン・マッコーナル。
この時期のブランドロゴも彼によるもの。

何時間か待つことになった。機内から出ると、毛皮の帽子を被り、銃を持った兵士が両側に立ってお出迎え。ここはソ連なのだ。芝山くんと私は節電でもしているかのように薄暗く古ぼけた空港の中をぶらぶらと歩いた。その時、彼が免税店のほうを指差し「ロン・ウッドがいるよ」と小声で私にささやいた。本当だ！ そこにはローリング・ストーンズのギタリスト、ロン・ウッドが妻らしき女性と腕時計が並んだショーケースを覗きこんでいるではないか。頭のてっぺんが立った、おなじみのキツツキ・ヘアのロンは思ったよりずっと小柄で、そっと近づいていった芝山くんより少し大きいかなというくらいの身長。モスクワ空港の免税店の目玉商品はキャビアか民芸品のマトリョーシカといったなかで、おそらくロン・ウッド夫妻は、この空港で一番高価なものが売られている店にいる。腕時計を熱心に品定めする奥方の少し後ろに立つロンは「おいおい、まだなにか買うつもりなのかい？」とでも言いたげだが、それでも辛抱強く買い物に付き合っている様子だった。

「ローリング・ストーンズのファンなんでしょ？ サインもらえば？」と、芝山くん。「でも、私はブライアンがいた頃のストーンズが好きだから」「そう」。ストーンズに全然興味がないニュー・ウェイヴ好きの芝山くんは、そうあっさりと言い、踵を返した。ロン・ウッドのサインは結局もらえなかったが、それよりも後悔しているのは、胸にCCCP（ソビエト社会主義共和国連邦の略称）と大きく赤い文字で書かれた白地のトレーナーを、さんざん迷ったあげく買わなかったことだ。

そして、ここはカムデン・ロック。週末ともなると古着、流行の服のコピー品、手づくりの小物、エスニック・フードやスナックの屋台が立ち並び、それを目当てに地下鉄の最寄駅、カムデン・タウンから何百メートルか離れたカムデン・ロックのフリー・マーケットに続く道は、若者や観光客でごった返す。1日ではまわり切れないほどマーケットの規模は大きい。この巨大なマーケットの奥にある、昔は馬小屋だった"The Stables"と呼ばれる建物沿いの、緩やかな坂道に張られたテントで、ヴィンテージの服やアクセサリーが売られているのを見て、「きっとここにはなにかある！」という私の直感が歩を進めるごとに確信に変わっていくのがわかった。そして、坂の頂上より少し手前のテントに、明らかにほかとは違う美しいヴィンテージの服を売るストール（露店）を見つけた。

「ここだ！」

〈Ossie Clark〉とタグに書かれたドレスが、高いラックから下がり、吹きさらしの風になびいていたが、それでも往年の輝きは失われていない。さらに、店の前のボディに着せられた煉瓦色のジャケットに目がとまった。大きなラペルのダブル・ブレストの細身でシンプルだが、どこか優美なジャケットだった。

「これを見せていただけませんか？」

茶褐色の長い髪をした、小柄で華奢な女店主はジャケットをボディから外す素振りはまったくなく、「これは〈Biba〉のジャケットで……」と〈Biba〉がどれだけ価値があり、彼女が〈Biba〉をこよなく愛していることなどを、少し外国のアクセントのある英語で早口にまくし立てた。ボディから服を脱がせるのが面倒だとでも思ったのだろうか。あるいは〈Biba〉のことなどなにも知らない日本人がひやかしに来ただけだと考えたのかもしれない。なにしろカムデンは観光地なのだから。たくさんのひやかしの客にうんざりしているのだろう。おまけにロンドンの冬は東京とは比べものにならないくらい寒い。私は防寒重視とスリ対策だけを念頭においた黒づくめの、まるきりファッショナブルではない服装をしていた。ストールの奥にはブラ

イアン・ジョーンズに似た、ブロンドのマッシュルーム・ヘアのボーイフレンドが石垣に腰をかけて新聞を読んでいる。ボスは彼女らしい。"ブライアン"は彼女の指示に従って、時々立ち上がり、高いラックにかけられた〈Ossie Clark〉のドレスなどを長い棒を使って取ったりするのが役目のようだ。このどんよりと空は曇り、典型的な英国の冬といった寒い日曜日が、思えば私と"本物のBiba"との出会いだった。

〈Biba〉とは、バーバラ・フラニッキが1963年に立ち上げたブランド。最初は彼女がデザインした服をメール・オーダーで売る小さなビジネスから始まったが、最盛期の1973年には、ケンジントン・ハイ・ストリートにある地上6階、地下1階のアール・デコ様式の古い百貨店Derry & Tomsを買い取り、ファッションだけではなく、生活に必要なありとあらゆるものを、すべて揃えることができる"Big Biba"と呼ばれる美の帝国を築いた。〈Biba〉の服は戦後生まれの若い女性の体型——スリムで手足が長い——を際立たせた。アームホールは狭く、ひじの少し上からたっぷりとギャザーをとり、長いカフスにはくるみボタンがぎっしりと並んでいる。身頃もウエストからヒップにかけてタイトだ。こんなジョークさえあった。「Bibaの服を着ると、血液の循環が悪くなる」。お洒落には多少の我慢が必要なこともあるのだ。一度でも袖を通してみれば、わかるだろう。自分が特別な存在になったような恍惚。デカダンで、ノスタルジックで、黄昏て。あなたはもう〈Biba〉の虜だ。

カムデン・ロックで出会った〈Biba〉を売る女性は、タマラという名で、オーストリア出身。やはり〈Biba〉に魅せられた、世界でも有数のコレクターだった。マーケットで何度か会ううちに、彼女のロンドンのフラットに招かれた。ドアを開けたら〈Biba〉ずくめ。何百はあろうという服、それに化粧品、タイツ、靴、帽子、アク

セサリー、食器。タマラは〈Biba〉の店内のインテリアとして使われたピーコック・チェアに腰掛け、コレクションを見せてくれた。彼女はロンドンにやって来るまで〈Biba〉を知らなかったという。小柄で細身の彼女に合うサイズの服がなく、マーケットでたまたま出会った〈Biba〉のジャケットがぴったりだったことからすべては始まった。それが、私がカムデン・ロックで見た煉瓦色のジャケットだったわけだ。ひととおりコレクションを見せてもらい、いざ買おうとすると、これもダメ、あれもダメ。なんということはない。タマラは自分のコレクションが散逸するのが嫌らしい。すべてまとめて博物館なり、リッチなコレクターに売りたいのだ。マーケットでも彼女は有名で「いつかお金が必要になれば、タマラは〈Biba〉にサヨナラするよ」などと言うディーラーもいた。

その頃、金曜日のポートベローのマーケットに〈Biba〉を売るストールがひとつあった。夜明け前の6時には〈Biba〉を目がけて争奪戦が繰り広げられる。タグを見て、手に取ろうとしたら、反対側にいた客に「Noooooo!」と言われ、引ったくられた。私の負けだ。顔を見ると、ケンジントン・マーケットにある店の主人だった。

その朝もタマラとボーイフレンドの"ブライアン"とすれ違った。彼女は「ミユキ!」と声をかけて手を振った。黒革の手袋をはめた彼女の細い指先がひらひらと宙に舞った。

1. モデルはヴィッキー・ワイズ。
ツイードのピナフォア・ドレスと
ミニ丈トレンチ。

2.1969 年 2 月のカタログから。
モデルはミア・ファローの妹、
ステファニー・ファロー。

3.1969 年 5 月のカタログから。
フォトグラファーはヘルムート・ニュートン。

4.1969 年 6 月のカタログから。
フォトグラファーはハリー・ペチノッティ。
ほぼ同じデザインのミニドレスが
〈Anouchka〉のコレクションにある。

5. サラ・ムーンが撮影した
1969 年のカタログは、
全 6 冊発行されたうちの最後。

Blowup

『欲望』

1966年のロンドンで繰り広げられた
アントニオーニの不条理な世界

「私は謎なのだ。永遠に謎でありたい。他人にも、私自身にも」と言ったバヴァリア*の狂王ルートヴィヒ2世は、その言葉のとおり謎の死を遂げる。映画『欲望（原題：Blowup）』(1966)もまた永遠に解けない謎なのである。この作品に答えを求めてはいけない。『欲望』を観ることは、英国の黄金時代「スウィンギング・ロンドン」という名の迷宮のワンダーランドをさまよいつづける、時空の旅行者になるのだから。

『欲望』は愛の不毛三部作*で知られるイタリアの映画監督ミケランジェロ・アントニオーニの、『赤い砂漠』(1964)に次ぐカラー撮影としては2作目の作品。アントニオーニがイタリアを飛び出して、当時一番"熱い街"だったロンド

ンで、その手法を試そうとした野心作である。彼独特の不条理な世界と1966年のロンドンが醸すクールさが見事にはまり、カンヌ映画祭でパルム・ドールを受賞した。

原題の「Blowup」とは写真の「引き伸ばし」を意味する。デイヴィッド・ヘミングズ演じる主人公トマスは売れっ子フォトグラファーだ。この人物のモデルとなったのはデイヴィッド・ベイリー、あるいはテレンス・ドノヴァンとも

本編ではチラッとしか映らないが、
ジェーン・バーキンのかごバッグが既に見られる。

©Moviestore Collection Ltd / Alamy Stock Photo

いわれている。この作品においてアントニオー
ニは、色に強いこだわりを見せ、公園の芝生を
思いどおりの色に塗り、トマスの乗るロールス・
ロイスは、ある人気TV番組の大物司会者から
借りたにもかかわらず、白から黒にペイントし
てしまうという凝りようだった。

　さて、ここからは作品に登場する女性たち
のファッションについて語りたい。まずは、ト
マスがスタジオでトップモデルのヴェルーシュ

カを撮るシーン。彼女が身に着けた黒いビー
ズのドレスは、アントニオーニ自らが伝説のブ
ティック〈Granny Takes A Trip〉で買い求めた
ヴィンテージのドレスだと、オーナーのひとり
であったジョン・ピアース*が明かしている。

　映画全体のトーンは、スタジオの白を基調と
したインテリア、郊外の公園の緑、グレーがかっ
たロンドンの街並みと落ち着いているが、そこ
に突然現れる若い娘ふたり組。オプ・アート風

1.『欲望』の台詞が収められた書籍。
表紙は主人公トマス役の
デイヴィッド・ヘミングズ。

©Michelangelo Antonioni. *Blow-up:
A film by Michelangelo Antonioni (Classic film scripts)*.
Lorrimer Publishing. 1984

2. ヴェルーシュカはドイツの貴族の
生まれ。写真下のモデルたちには
ペギー・モフィットも。

©Michelangelo Antonioni. *Blow-up:
A film by Michelangelo Antonioni (Classic film scripts)*.
Lorrimer Publishing. 1984

3. クローシェ編みのミニドレスは、
この時代の映画のパーティ・
シーンでお馴染み。

©Michelangelo Antonioni. *Blow-up:
A film by Michelangelo Antonioni (Classic film scripts)*.
Lorrimer Publishing. 1984

4. ジェフ・ベックと
ジミー・ペイジがヤードバーズに
同時に在籍したのはわずか数カ月。

©Gered Mankowitz, Brad Tolinski. *Light and Shade:
Conversations with Jimmy Page*. Crown. 2012

1

2

のミニドレスにライム・グリーンやピンクのカラータイツ、ピカピカ光るパテント・レザーのパンプスと大変にカラフルであり、この作品にピリリと色のスパイスを効かせる役目を果たしている。ひとりは有名になる前のジェーン・バーキンであるが、トレードマークとなった籐のかごバッグを既に持っていたことが確認できる。そして、公園で恋人といるところをトマスに隠し撮られてしまい、フィルムを取り戻そうとするヴァネッサ・レッドグレイヴ演じる女。トマスから取り返したフィルムを入れるハンドバッグに注目してほしい。これはグッチのバンブー・バッグだ。『太陽はひとりぼっち』(1962)でも、アントニオーニのミューズのモニカ・ヴィッティが持っていたように思う。

トマスの友人のガールフレンド役でサラ・マイルズが登場するが、彼女が着たクローシェ編みのミニドレスは1965年から1967年頃にかけて流行し、これを着てクラブで踊ることが"in"であるとされた。映画『いつも心に太陽を』

(1967)の卒業パーティーで、思い思いにおめかしした生徒たちのなかでもひと際目立つジュディ・ギースンが、やはり真っ白なクローシェ編みのミニドレスを着て、恩師シドニー・ポワティエとダンスを踊る名シーンがある。ジュディ・ギースンは同色のアンダー・ドレスを着ているようだが、サラ・マイルズのものは、そういったものが見えず、編み目からは素肌がのぞいている。これには仕掛けがあり、当時発売されたスキン・トーンのボディストッキングを下に着ることで、ヌーディなドレスの魅力を損ねることなく着用が可能となった。

この時代のファッション誌にはなんとランジェリーの広告の多いことか！　ミニスカートを纏った女性の姿はとても開放的に見えるが、同時に服の下は贅肉を押し込むかのような、グロテスクにさえ見えるブラやガードルで武装されていた。しかし、そういった武装を必要としないヒップでスリムな若い女性たちは、マリー・クワントらが考案した、もっとコンフォ

3

4

タブルな、柔らかで軽い、負担の少ないランジェリーを着けるか、『欲望』のジェーン・バーキンのようにドレスの下は、ブラもなくカラータイツだけ。つまり、ランジェリーひとつをとっても、その女性がヒップであるかそうでないかがわかるわけだ。誰がブラとガードルで武装したジェーン・バーキンを想像できる？　マリリン・モンローやジェーン・マンスフィールドのようなカーヴィな理想の女性像は、ツイッギーやジェーン・バーキンのような直線的で未成熟にも見える体型に取って代わられたのだ。

　この映画の見どころは、やはりジェフ・ベックとジミー・ペイジが同時期にいたヤードバーズの演奏シーンだろう。アントニオーニはザ・フーのピート・タウンゼンドのギターを壊すパフォーマンスが気に入っていたが、ヤードバーズのマネージャーのサイモン・ネイピア＝ベルの肝入りで彼らが起用され、ウィンザーにあるリズム＆ブルーズの名門クラブ、リッキー・ティックを模したセットで「Stroll On」を演

奏し、アンプの不調に苛立ったベックがギターを壊すシーンが撮られた。ピートのギターの破壊っぷりに比べれば、ややぎこちなかったが、ベックはこれに味をしめてライヴでギターを壊すようになり、マネージャーを困らせたという。このシーンの異様さはヤードバーズの演奏を見る観客*が、まるでマネキンのように微動だにせず、なんの表情もないことだ。この緊張感あふれる作品で一番人間らしい微笑みを浮かべたのは、一瞬アップになるステージ上のジミー・ペイジだけだったかもしれない。

—

*バヴァリア：ドイツ南部にあるバイエルン州のこと。ババリアとも表記される。
*愛の不毛三部作：『情事』『夜』『太陽はひとりぼっち』の3作品を指す。
*ジョン・ピアース：ウィリアム・モリスのテキスタイルでジャケットをつくった。これをジョージ・ハリスンらが着用し、いまやピーコック革命を象徴する作品になった。
*演奏を見る観客：エキストラには、のちにモンティ・パイソンの一員となるマイケル・ペイリンもいた。

C

Ossie Clark

オシー・クラーク

時を超えて受け継がれる
Mr & Mrs クラークの傑作たち

〈Ossie Clark〉の名を最初に目にしたのは、70年代初め、ローリング・ストーンズについて書かれた雑誌だった。オシーという馴染みのないファーストネームが記憶に残った。

日本版『ローリング・ストーン』誌の1974年1月号の表紙は、ブルーのベルベットのジャンプスーツを着た、ハワイ公演でのミック・ジャガー。フロントのファスナーを、おへその下のかなり際どいところまで開けていて、上半身があらわだった。「なんなんだ、この衣装?」が第一印象。ジャンプスーツといえばJB（ジェイムズ・ブラウン）じゃないの? 「セックス・マシーン」を歌いながら、独楽のようにグルグル回転して、四方八方に汗が飛び散るというあれだ。1973年にJBは初来日し、彼の激しいス

テージ・アクションのことはラジオのDJが興奮気味に話していたから、ソウル・ファンではない私でも知っていた。学校からの帰り道にある小さな書店のレジに『ローリング・ストーン』を持っていくと、中年の女店主が目を丸くして言った。「すごいわね、この人!」。おかげで猥褻な雑誌を買う女子高校生にされてしまった。でもなにも言えず、大人しく350円を払う。ミックのヘンな衣装のせいで、恥ずかしい思いをさせられたじゃない。まったくもう!

この衣装をデザインしたのがオシー・クラークである。彼は紛れもなく天才であった。1966年から1974年までの絶頂期には、ロック・スターと彼らの妻やガールフレンドたち、ジュリー・クリスティやライザ・ミネリといった名

だたる女優をはじめ、ツイッギーやヴェルーシュカなどトップモデルが、みんなオシーを着た。そして彼自身のルックスも、ロック・スターのようにスタイリッシュだった。ジョージ・ハリスンの当時の妻パティ・ボイドは、ジョージがイギリスの北部出身の男性にありがちな「妻は家庭にいるべき」という考えであったため、結婚してからのモデル業は『ヴォーグ』誌などに限られていた。それにもかかわらず、オシーのショウだけは、彼の大ファンという理由で特

1.『ジャンピン・ジャック・フラッシュ』(1968) の
ジャケット写真でブライアンが着ている
シャツはオシー、スカーフはセリア。

2. セリア・バートウェルによるテキスタイル。
霞のようなシフォン。
撮影はサラ・ムーン。

©Sarah Moon. British Vogue.
The Condé Nast Publications. 1972. 4.

別に出演した。ショウを観たジョージは、シースルーのドレスでランウェイを歩くパティの胸が透けて見えていたことに腹をたてた。

　オシーと最も深い関係にあったのは、やはりローリング・ストーンズだろう。オシーが、同じ1942年生まれのアリス・ポラックというデザイナーと知り合い、チェルシーにある彼女のブティック〈Quorum〉に誘われたのが1966年。前年にロイヤル・カレッジ・オヴ・アート*を優秀な成績で卒業し、卒業制作で発表したオプ・アート風のキルティングのコートは英国版『ヴォーグ』1965年8月号で紹介された。モデルを務めたのはジーン・シュリンプトンの妹で、当時ミック・ジャガーの最初のガールフレンドだったクリッシー・シュリンプトン。クリッシーと黒いタートルのセーターを着たオシーを並ばせ、デイヴィッド・ベイリーが写真を撮った。

　〈Quorum〉はラドナー・ウォーク52番地の1階にあり、2階はブライアン・ジョーンズとガールフレンドのスーキー・ポティエ*が住み、4階にはマーク・パーマーが設立したモデル・エージェンシー〈English Boy〉があり、オシーやアリスのコレクションのモデルが所属していた。1967年のオシーのコレクションを着たモデルたちの写真がある。クリッシー・シュリンプトン、リンダ・キース、スーキー・ポティエの3人が、それぞれミック・ジャガー、キース・リチャーズ、ブライアン・ジョーンズのガールフレンドだった。ブライアンはストーンズのヒット曲「ジャンピン・ジャック・フラッシュ」のジャケット写真で、〈Ossie Clark〉のシャツにテキスタイル・デザイナーでありオシーの妻、セリア・バートウェルのスカーフを首に巻いた。

　セリア・バートウェルはオシーを語る上では欠かせない。公私ともにパートナーであり、ミューズでもあった。彼女のテキスタイルは子どもの頃から親しんだ自然、特に草花をモチー

フにしたものが多い。それぞれの柄には名前がつけられている。たとえば"フローティング・デイジー""モンキー・パズル""キャンディ・フラワー"といったように。

　ミック・ジャガーとオシーを引き合わせたのはマリアンヌ・フェイスフルだ。彼女はオシーの代表作のひとつである蛇革がトリミングされたスエードのジャケットとスカートを値段も見ずに買った。麻薬所持でミックとマリアンヌが逮捕され、1969年5月に裁判所へ向かう日、彼女が着ていたのが、このスーツだ。マリアンヌはこう言った。「あれは18歳くらいだったと思うわ。初めてオシーの服を着た時、私はブラを外してしまったし、ショーツさえ取りたくなった。ああ、なんて自由なんだって！　彼の服はアッパー・クラスの女性をもそんな気持ちにさせた。あれは本当に不思議だったわ」。いみじくも『ヴォーグ』1968年3月1日号には"The Wizard Of Ossie（オシーの魔法使い）"というタイトルで6ページの特集が組まれている。

　やがてミックはオシーと親しくなり、チェルシーのチェイニー・ウォークにあったマリアンヌとミックの家にオシーを招き、1969年12月に予定された全米ツアーの衣装のデザインを依頼した。ドラッグ問題やブライアンの死で、キャリアが空白状態だったストーンズの久しぶりのツアーだ。力も入る。ミックはライヴで演奏する曲のテープを流し、それに合わせて動いてみせ、オシーと衣装のアイディアを出しあった。こうしてでき上がったのが、赤と黒のサテンのケープ。袖はハンカチーフ・ヘムになっていて、腕を動かすたびにゆらゆらと揺れた。

　1969年12月6日、ストーンズの警備に雇われたヘルズ・エンジェルズによって、18歳のメレディス・ハンターがナイフで刺され死亡した、いわゆる「オルタモントの悲劇」の日に、ミックはこのなにか禍々しさのある衣装を着てい

1.1973年、初来日が予定されていたが、
過去のドラッグ逮捕歴を理由に
外務省のヴィザがおりず、
幻の日本公演となった。

©Annie Leibovitz. ローリングストーン .
ローリングストーンジャパン . 1974. 1

2. 4ページにわたる
オシー・クラーク特集からの1枚。
モデルはパティ・ボイド。

©David Bailey. *British Vogue.*
The Condé Nast Publications. 1969.6

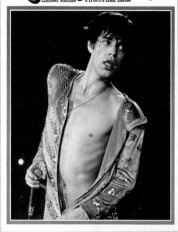

3. セリアのテキスタイルを使った
ペーパー・ドレス。
モデルはジェーン・アッシャー。

©Brian Duffy. *Nova.* George Newnes Ltd. 1966. 9

4. 妻でテキスタイル・デザイナーの
セリア・バートウェル。
オシーのミューズでもあった。

©Peter Schlesinger. *A Chequered Past:
My Visual Diary of the 60's and 70's.*
Thames & Hudson Ltd. 2004

YOUNG IDEA
THE WIZARD OF OSSIE

Ossie Clark is the wizard who designed the clothes on these four pages. He's a magician leading a magical mysterious change of fashion now. Translucent tulips blossoming on shimmering satin, crepeste. Billowing sleeves growing into huge cuffs, a tall collar, a long blouse-belted tunic over flaring fluted trousers. Tunic, 7 gns, trousers, 5 gns. Prints by Celia Birtwell. Lipstick, Barbara Gould's this. Cigar by Simon & Hedges. A blouse for angels, lovers, waves of exquisite rising from a deep neckline, over the shoulders on cascade down the sleeves. All bound with silk ribbon, 7 gns. Worn with a calf length black crepe shirt, 5 gns. All at Quorum, 52 Radnor Walk, S.W.3.

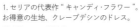

1. セリアの代表作 " キャンディ・フラワー "。
お得意の生地、クレープデシンのドレス。

©David Montgomery. *British Vogue.*
The Condé Nast Publications. 1969. 7

2." オシーの魔法使い " という
タイトルで 4 ページの特集。
撮影はデイヴィッド・ベイリー。

©David Bailey. *British Vogue.*
The Condé Nast Publications. 1968. 3/1

3.Exhibitionism ―ザ・ローリング・ストーンズ展から。
オシーがデザインした赤と黒のケープ。

©Miyuki Kaneko. 2019.

4.〈Ossie Clark〉回顧展にて撮影。
中央は " トラフィック・ライト " と呼ばれる、
〈Anouchka〉のコレクションにも
あるドレス。

©Miyuki Kaneko. 2003

た。事件はドキュメンタリー映画『ギミー・シェルター』(1970)で克明に描かれている。1969年はウッドストック・フェスティバルが催され、愛と平和に沸いた年だ。ストーンズはウッドストックがアメリカ東海岸ならば、自分たちは西海岸のヒッピーの聖地であるサンフランシスコでフリー・コンサートを開くことが"ビューティフル"だと考えた。しかし屋外の会場は、人、人、人の海。もはやカオスでしかなかった。ヘルズ・エンジェルズたちはビリヤードのキューで、ドラッグでトリップして這いずり回る観客を執拗に叩く。結果、4人の死者が出て、愛と平和の幻想を打ち砕いた。コンサートが終わるとストーンズたちは、ステージ衣装のまま用意されたヘリコプターに逃げるように乗り込む。キースの真っ赤なジャケットのスパンコールの刺繍、ミックの黄色のベルベットのパンツ。それらはアメリカのものではない。観客の誰ひとりとしてそんな服を着ている者はいなかった。派手な色のキラキラ光る英国人たちが、いままさに空へ逃げようとしている。地上では体に毛布を巻きつけた、ジーンズ姿のヒッピーたちが列をなして歩き、オルタモントを去って行く。60年代の楽観主義の終わりの始まりを暗示した殺伐としたエンディングだ。

そして、1972年。3年振りの全米ツアーに向けて、ミックは再びオシー・クラークに衣装を依頼した。オシーはミックのしなやかな細身の体が映えるようにベルベットのジャンプスーツを作った。照明が当たると光るメタルのピースがたくさん付けられていたが、軽くて動きやすく、着るのも簡単。着心地もよかった。例の『ローリング・ストーン』誌の表紙である。この衣装は幻の公演となった1973年の武道館でも着るはずであった。日本の外務省は、過去にドラッグによる逮捕歴があることを理由にヴィザを発行せず、公演は中止。なんてもったい

ないことを！ あの姿が拝めるはずだったのに。

オシーはデザイナーとしては天才だったが、ビジネスの才覚はなかった。〈Quorum〉の商品をタダで友達にあげてしまうし、ショップでは万引きも多かった。そのうえ、パリの有名デザイナーが使いを寄越してオシーのデザインを盗み、自分のコレクションとして発表した。これにはオシーの精神が消耗させられた。私生活では1974年にセリアと離婚。美しいテキスタイルをオシーのためにデザインしてくれたセリアと、息子たちを同時に失った。1975年、久しぶりのコレクションでカムバックを試みるが、以前ほどの評価を受けることはなかった。ヴィヴィアン・ウェストウッドとマルコム・マクラーレンが先導するパンク・ファッションの波にのまれ、オシーは忘れられたデザイナーになっていった。そして、1996年、非業の死。

2003年にヴィクトリア＆アルバート・ミュージアム(V＆A)でオシー・クラークの大規模な回顧展が開かれた。ちょうど買い付けでロンドンにいた私も訪れた。オシーとセリアの作品は時代を超え、迫ってくる。夢中で写真を撮った。V＆Aは撮影可だ。ふと見ると、デザインを学ぶ若者らしいグループが、床に座りこんで作品を一心にスケッチしている。その日、私は美が次の世代へと受け継がれていくのを目撃した。

—

*ロイヤル・カレッジ・オヴ・アート：略してRCAと呼ばれる。
*スーキー・ボティエ：スキ・ポワティエと表記されることもある。ブライアンと別れ、キースと交際し始めたアニタ・パレンバーグとまるで双子のようにそっくりだった。

Deadly Sweet

『危険な恋人』

『欲望』に目配せしつつ
ヒップなシーンを満載

　『危険な恋人』(1967)は、のちに『サロン・キティ』*(1976)や『カリギュラ』(1979)などで、イタリアン・エロスの巨匠となったティント・ブラスの初期の作品。彼のキャリアのなかでは埋もれがちだが、この作品は、自分だけの秘密の箱にそっとしまっておきたい小さな宝石のような輝きをもつ。音楽は『黄金の七人』シリーズや、『女性上位時代』(1968)のアルマンド・トロヴァヨーリだ。

　出演はジャン=ルイ・トランティニャンと、『キャンディ』(1968)でメジャーになる前のエヴァ・オーリン(当時17歳)。まず、オープニングのタイトルバックに注目してみよう。クレジットの文字の配列やフォントに、はっきりとジャン=リュック・ゴダールの影響が見てとれ

る。さらに、ふたりの跡をつける小男、ポップ・アートの多用は『気狂いピエロ』(1965)を思わせる。そして、ミケランジェロ・アントニオーニの『欲望』(1966)へのいくつかの目配せ。『危険な恋人』はスクリーン上でゴダールとアントニオーニが出会い、ティント・ブラス版『気狂いピエロ』あるいは『欲望』としてスウィンギング・ロンドンで誕生した時代の落とし子なのだ。だから、それらの作品と同様に、ストーリーを追うことはさして重要ではないだろう。灰色がかったロンドンの街をPVC素材のピカピカ光る真っ赤なコートを着たとびきりキュートなエヴァ・オーリンと、フィルム・ノワールの探偵を気取ったかのようなステンカラー・コート——トレンチといきたいところなのだが、そ

その瞳は、クールに燃えて、夢見る真珠！
その唇は、歓びに濡れて、バラ色の朝露！
……だが、華麗な恋の陶酔をおびやかす戦慄の疑惑——

'67年ベネチア映画祭を悩殺したロマンティズム・ニュールック！

〈カラー作品〉
COL CUORE
IN GOLA
＝イタリア総天然色

危険な恋人

エバ・オーリン／ジャン・ルイ・トランティニャン主演■ティント・ブラス監督■アルモンド・トロバヨーリ音楽■大映系＝フィルム収録

1. エヴァ・オーリンとジャン
＝ルイ・トランティニャンは
『殺しを呼ぶ卵』(1968) で再び共演。
© スクリーン . 近代映画社 . 1968. 10

2. 右上の写真には、
ジーン・ハーロウの顔が描かれた
〈Granny Takes A Trip〉のファサードが。
© スクリーン . 近代映画社 . 1968. 10

3. エヴァ・オーリンは 16 歳の時に
ミス・ティーン・インターナショナルで優勝し、
女優デビュー。
©David Bailey. *British Vogue*.
The Condé Nast Publications. 1969. 5

1. 雑誌名「it」は
「インターナショナル・タイムズ」の略称。
1966年から1973年まで発行された。

©it. Bloom Publications. 1972. 4.

2.「The 14 hour Technicolor Dream」
のフライヤー。

©James Henke, Charles Perry, Barry Miles.
I Want To Take You Higher:
The Psychedelic Era 1965-1969. Chronicle Books. 1997

こは彼に合わせ、ややソフトにステンカラーな のだ──のトランティニャンと私たちも一緒に 歩き、事件の目撃者となればいい。

撮影は1967年3月27日に始まり、5月の初め に終わったとされている。『欲望』のイギリス での公開が同年3月。街の映画館の外に『欲望』 のモデルのヴェルーシュカがポーズをとるポス ターが"NOW SHOWING（只今上映中）"と貼ら れているのが、とても興味深い。明らかなオマー ジュは、これだけにとどまらない。フォト・スタ ジオを訪れたエヴァ・オーリン（役名はジェー ン）がポーズをとってみせるが、やがてそれは ストリップティーズとなり、トランティニャン が服を脱ぎだして、なんとまるでターザンの ように胸を叩き、「アーアアーー！」と雄叫びを 上げ、ロープにぶら下がり、ジェーンに飛びか かる（言うまでもなくターザンの彼女といえば "ジェーン"だ）。彼らは『欲望』のジェーン・バー キンやデイヴィッド・ヘミングズが繰り広げた 乱痴気騒ぎさながらに、撮影用セットペーパー をもみくちゃにして戯れるのだ。あのフランス の至宝である名優トランティニャンが！

また、『危険な恋人』を埋もれさせたままにし ておくには惜しい理由のひとつが、あの伝説の ブティック〈Granny Takes A Trip〉でロケされ ていること。ジーン・ハーロウの顔がポップ・ アート風に描かれたファサード、店内、スタッ フの様子などが、短い時間ではあるが見ること ができるのはとても貴重だろう。

それに加え、アレグザンドラ・パレスで1967 年4月29日に開催されたサイケデリックなイベ ント「The 14 hour Technicolor Dream」の様 子が収められていることも。このイベントはアン ダーグラウンド・ペーパー『it』の資金集め を目的とし、ピンク・フロイドがヘッドライナー を務め、クレージー・ワールド・オヴ・アーサー・ ブラウン、ザ・ムーヴ、プリティ・シングス・

ソフト・マシーンなども出演した。またオノ・ ヨーコのパフォーマンスで、観客が女性モデル の衣服を次々にハサミで切っていく「カット・ ピース」も披露された。『it』はヒップなブティッ クや書店に置かれ、「ここでitが買えます」とい う、無声映画時代のヴァンプ女優セダ・バラ の顔が描かれたサインボードが掲げられたが、 これも作中に映し出される。

カウンター・カルチャーのアート専門の画廊 であるインディカ・ギャラリーにトランティニャ ンが入るシーンも見逃せない。ここは『it』の創 刊メンバーのひとり、バリー・マイルズ、マリ アンヌ・フェイスフルの元夫のジョン・ダンバー、 ポップ・デュオのピーター＆ゴードンのピーター・ アッシャーがオーナーとなり、1965年にオープ ン。その頃ピーターの妹ジェーン・アッシャー がポール・マッカートニーのガールフレンド だったことから、彼が資金面をサポートした。 また、ジョン・レノンとオノ・ヨーコが運命的 に出会ったのも、このギャラリーで1966年11 月に開かれたヨーコの個展での出来事だ。

そんな時代の空気、しかも最先端のものを 盛り込んだヒップでゴキゲンな作品ではある が、セリフはイタリア語。大きな鞄を提げて切 符を売りにくるダブルデッカーバスの車掌でさ え流暢なイタリア語を話す。そんなご愛敬も『危 険な恋人』を私が偏愛する理由のひとつである。

＊『サロン・キティ』：公開当初の邦題は『ナチ女秘密警察　ＳＥＸ親衛隊』。 ポルノ映画と見なされてされてしまうこともあった。

English Boy

イングリッシュ・ボーイ

謎の双子モデルも所属した
"いま"の顔が揃うエージェンシー

1967年は「サマー・オヴ・ラヴ」の年。フラワー・パワーはサンフランシスコから大西洋を越え、階級制度が色濃く残るイギリスにも自由なスピリットの風となって吹いてきた。ワーキング・クラスやミドル・クラス出身のビートルズやローリング・ストーンズらロック・スターたちが、上流階級の子女たちの交遊サークルにニューフェイスとして入り込むようになる。アッパー・クラスにしてみれば、ロッ

ク・スターと親しくなり、洒落たレストランの同じテーブルで食事を楽しみ、広大な邸宅のパーティーに彼らを招くことは、ちょっとした自慢でもあり、自分がヒップな人間であることの証しであった。そんな階級の差を曖昧なものにし、結びつけたのはファッションだ。

特にロンドンのチェルシー地区はアッパー・クラスのボヘミアン気取りのリッチでヒップな人々が住み、なかにはブティックを開く者もい

左から〈Granny Takes A Trip〉のナイジェル・ウェイマス、
ルーファス・ポッツ・ドーソン（ロキシー・ミュージックのアルバム・
カヴァーを飾ったピンナップ・ガール、カリアンの元夫。
カリアンはミック・ジャガーの弟クリスと再婚）、ジェス・ダウン。
座っているのがアマンダ・リア。全員が〈English Boy〉のモデル。

1. 左から 2 番目がサー・マーク・パーマー。
のちに仲間とともに、
馬車でヒッピーの放浪の旅に出る。

©Marnie Fogg. *Boutique: A 60's Cultural Phenomenon*.
Mitchell Beazley. 2003

2. ジョンとデニスの双子の兄弟は、
テレンス・ドノヴァンやセシル・ビートンの
被写体となった。

©Richard Lester. *Photographing Fashion:
British Style in the Sixties*. ACC Editions. 2009

3. マイヤーズ兄弟が醸す異次元。
セリア・バートウェルの
スカーフをしていることに注目。

©Bernard Mignault. *British Vogue*.
The Condé Nast Publications. 1969. 4

た。エリザベス2世が名付け親である、サー・マーク・パーマーもそのひとり。彼が設立したモデル・エージェンシーの〈English Boy〉は、それまでの男性モデルのイメージとはまったく異なる、長髪に蒼白い顔、痩せた体、そしてニコリともしないクールな表情が売りの若いモデルが所属した。オフィスはラドナー・ウォーク52番地の4階にあり、1階はオシー・クラークの服を扱うブティック〈Quorum〉。そしてブライアン・ジョーンズとガール・フレンドのスーキー・ポティエも同じ建物の2階に住んでいた。

〈English Boy〉のモデルを紹介しよう。事務所名はボーイだが女性モデルも所属していた。まず俳優のジェイムズ・フォックス、ブライアン・ジョーンズとアニタ・パレンバーグ（ただし仕事はまったくなかったそうだ）、映画『ロッキー・ホラー・ショー』(1975)でロッキー役を演じたピーター・ヒンウッド、ミック・ジャガーの元ガールフレンドでジーン・シュリンプトンの妹のクリッシー・シュリンプトン、キース・リチャーズのガールフレンドだったリンダ・キース、〈Granny Takes A Trip〉のオーナーのナイジェル・ウェイマス、ブティック〈Hung On You〉のマイケル・レイニー、〈Biba〉のポスター・ガールのイングリッド・ボウルティング、のちのディスコ・クイーンのアマンダ・リアなど、まさに"いま"の顔が揃った。

ミック・ジャガーが主演したロナルド・キャメルとニコラス・ローグの共同監督作品『パフォーマンス』(1970)に、中近東風の白いお揃いのチュニックを着た双子が、画商からの使いとして絵を携え、ミック演じる隠遁したロック・スターの家を訪れるシーンがある。演じたのはジョンとデニス・メイヤーズ兄弟という〈English Boy〉の双子モデル。クレジットもない小さな役で、大変短い場面ではあるが、まるでひとりの人間が二重写しとなったようなそ

のイメージは、脳裏にこびりつき、この不可解な映画を観ている私たちを、よりいっそう深い闇へと誘う。彼らは最初の男性のスーパーモデルと呼ばれ、『ヴォーグ』などファッション誌を飾り、ケン・ラッセルの映画『恋人たちの曲／悲愴』(1971)にも出演した。その後スペインに渡り、画家のサルバドール・ダリに出会い、彼らに魅せられたダリにモデルを請われた。また、ダリの愛人となったアマンダ・リアを彼に紹介したのもマイヤーズ兄弟である。

『パフォーマンス』を観るたびに、この双子の画商の使いはマイヤーズ兄弟ではないか？というのは私の長年の疑問だったが、ある日突然、その謎はあっけなく解けた。〈Anouchka〉で、あるロケが行われ、スタイリストの飯田珠緒さんが『Performance—The Making of a Classic』という映画『パフォーマンス』の50周年を記念した、シリアル・ナンバー入りの分厚い豪華な限定本をわざわざ持参してくれた。初めて見る写真がふんだんに収められたページをめくっていくと、ジョンとデニスのマイヤーズ兄弟が並んだ小さな一枚の写真があり、キャプションに彼らの名前が書かれていた！私のなかでピースとピースがつながった瞬間。手際良く準備を進める撮影スタッフをよそに、ひとり興奮する私。飯田さんは「本当に好きな人に見てもらって、持ってきた甲斐がありました」と微笑んだ。そんな彼女のさりげない心づかいと、それによって起きた謎解きのケミストリーと。まだ夏の名残りが漂うその日は、忘れられない特別な1日となった。

Marianne Faithfull

マリアンヌ・フェイスフル

ブロンドの堕天使から
美しきサバイバーへ

マリアンヌ・フェイスフルは不在することによって、その存在を私に深く植えつけた。1970年、新聞の社会面の一番下に「ポール・マッカートニーがビートルズ脱退を表明」という記事が小さく載った。ラジオからはビートルズを悼む葬送曲のように「レット・イット・ビー」が流れていた。私は音楽大学を目指してピアノの個人レッスンを受けていたが、自分の才能に見切りをつけ、辞めることを決意した。ピアノの教師に、そのことを告げると、すぐに受け入れられ、引き留める言葉は一切なかった。「やっぱりそうなんだ」という妙な解放感と寂しさが入り混じった気持ちがした。なにをしたいのかも、なにになりたいのかもわからず、宙ぶらりん。そんな私の心に開いた空洞に怒涛のように押し寄せてきたのが、ロック・ミュージックだった。

彼女を知ったのは1972年に出版された『ローリング・ストーンズ・ブック』のなかの「…いつものことを…」とキャプションが付けられた1枚の写真。ミックの傍らにキャスケットを被ったブロンドの長い髪の魅力的な女性が静かに微笑んでいる。それがマリアンヌ・フェイスフルだった。いったいどんな女性なのだろう？ 数枚の写真と、彼女について書かれた文章をいくつか読んでは想像をめぐらせた。

マリアンヌ・フェイスフル。本名だ。カトリックの修道院付属の寄宿制学校を出たばかりの純真無垢な少女が歌手としてデビューするのにこれほど完璧な名前があるだろうか。豊かな髪は肩にこぼれ、大きな瞳は憂いをおび、ふっ

フォトグラファーは
デイヴィッド・ベイリー。
マリー・クワントのパンツスーツを着て。
1965 年。

くらとした唇は典雅さを秘めている。1964年、17歳になった彼女は、ケンブリッジ大学の学生でボーイフレンドのジョン・ダンバーに誘われたパーティで、ローリング・ストーンズのマネージャーのアンドリュー・ルーグ・オールダムの目に留まる。着飾った女性たちのなかでダンバーから借りたシャツとブルー・ジーンズというラフな格好のマリアンヌは決まり悪さを感じていたが、オールダムの目には、ブロンドの天使がフロアを歩いてやって来たと映った。

「この子、歌えるかい？」

「さあ、たぶん大丈夫なんじゃないかな？」

まるでそこにいないかのように、マリアンヌを真ん中に挟んで頭越しにジョン・ダンバーとオールダムの会話は進み、その場でレコード・デビューが決まってしまった。そして、オー

ルダムがミック・ジャガーとキース・リチャーズをキッチンに閉じ込めて、書かせたのがデビュー曲「As Tears Go By（涙あふれて）」だ。ヒット・チャートの9位を記録し、マリアンヌはあっという間に人気ポップ・シンガーになった。

デビュー当時のマリアンヌの姿は、バタースコッチの甘い香りがしそうな典型的な英国の少女に見えたが、実は彼女のバックグラウンドは複雑だ。父グリン・フェイスフルはリヴァプール大学で教鞭をとっていたが、数カ国語を自由にあやつることができたため、第二次世界大戦中にMI6（英国情報局秘密情報部）のスパイとしてウィーンに送り込まれた。そこでエヴァ・フォン・ザッヘル＝マゾッホという名の男爵令嬢と出会って恋に落ち、結婚した。戦後はふたりでイギリスに住むことを決め、グリンはリヴァ

いつもふたりで。1967年8月、バタシー・ヘリポート（右）とヒースロー空港（左）にて。

© ミュージック・ライフ．新興楽譜出版社．1967．10

『rave』誌 1970 年 1 月号の表紙。
「何がいけなかったの？」ミックとの別離。
©rave. IPC Magazines Ltd. 1970. 1

プール大学に戻り、1年後にマリアンヌが生ま
れる。母エヴァは、その姓からもわかるように、
『毛皮を着たヴィーナス』で知られるレオポル
ド・ザッヘル＝マゾッホの血を引く。1967年
のレッドランズで起きた麻薬捜査事件でマリア
ンヌが身に着けていたのは裸の上に毛皮のラ
グだけだったというのは面白い付合ではないか。
　このキース・リチャーズの田舎の家レッドラ

ンズの事件によって、裸に毛皮のラグだけを
纏った"ミス・X"とマスコミに書き立てられ、
清純なイメージは地に堕ち、ふしだらな女性と
いう烙印を押される。一人息子のニコラスをも
うけたジョン・ダンバーとの結婚生活も、とう
に破綻していた。マリアンヌは次第にポップス
界から遠ざかり、ミック・ジャガーのゴージャ
スなガールフレンドとして貴族の友達の結婚

パーティ、映画のプレミアなどに連れ立って現れることで話題を振りまくようになる。

1968年、アラン・ドロンと共演した映画『あの胸にもういちど』は、女優としてのキャリアを積みたいと望んでいた彼女にとっては願ってもないチャンスだった。監督はデボラ・カー主演の『黒水仙』(1947)の撮影でアカデミー賞を受賞したジャック・カーディフ。原作はアンドレ・ピエール・ド・マンディアルグの『オートバイ』。素晴らしい作品になりそうな布陣だ。しかし、マリアンヌは演技をするには大量のハシシを吸いすぎていた。脚本も演出も彼女の納得のいくものではなかったが、ドラッグのせいでそれを訴える気力も残っていなかった。マリアンヌ演じる若妻レベッカは素肌の上に黒いレザーのジャンプスーツを着てバイクにまたがり、愛人のアラン・ドロンのもとへと走る。この映画は若い日のマリアンヌ・フェイスフルを観賞するためのものだ。素肌に革のジャンプスーツという、その後いくども模倣されたスタイルの誕生を楽しめばよい。

そして1969年7月3日、ブライアン・ジョーンズが自宅のプールで水死体となって発見される。ストーンズは、2日後の5日にハイド・パークでフリー・コンサートを予定していたが、ブライアンの死により、彼を追悼するものに変更された。TVクルーが入り、コンサートの模様は後日放送されたが、映像で見るマリアンヌはステージの袖にいて、不安げな表情のニコラスを抱いている。白いマキシドレスを着たマリアンヌは青白く、短く切られた髪とあいまって、とても無防備に見える。その2日後にはミックの主演映画『太陽の果てに青春を (Ned Kelly)』で妹役を演じるためにオーストラリアへ飛ばなくてはならない。長いフライトに不安があった彼女は医師に睡眠薬を処方してもらった。オーストラリアに着き、ホテルで一旦眠りにつこうと、最初は3、4錠のつもりが、1錠、また1錠と口にし、結果マリアンヌはこの睡眠薬を150錠もいっぺんに飲んでしまい、5日間近くの意識不明に陥る。集中治療室のベッドに横たわるマリアンヌをパパラッチが撮った写真がある。昏睡状態でさえ彼女はまるで映画のワンシーンかのように美しかった。

マリアンヌは60年代の自分を振り返って「ピンで留められた蝶のようだった」と言った。また「30歳になったら、私の美しさは消えてしまうのではないかと怖かった」とも。いやいや、彼女は儚げに見えるが、実はしぶとかった。ミックと別れ、70年代にはホームレスとなり、かつてはミックと瀟洒なフラットに暮らしていたロンドンのチェルシー地区の、ゴミ溜めのような空き家に「スクワット(不法占拠)」によって住んだ。ヘロイン依存のジャンキーだった彼女は、そのままよくあるような転落の人生を歩み、私たちの前から消えてしまうのではないかという大方の予想を裏切り、1979年にアルバム『ブロークン・イングリッシュ』をリリースして見事に復活した。声は酒と煙草で低くハスキーになっていた。暗黒の荒廃した世界から呪詛のような言葉が立ちのぼってくる。そして1987年。マリアンヌは「涙あふれて」をセルフカヴァーした。すっかり変わり果てた声で。それは彼女を蹂躙した者たちへの答えであり、女王の地獄からの帰還であった。マリアンヌは儚い花でもピンで留められた蝶でもなかった。何度かの自殺未遂、拒食症、買い物依存、薬物依存、アルコール依存、乳癌、C型肝炎、そしてCOVID-19までもが彼女を襲う。いまは杖なしで歩くことはできない。それでもなお現役で創作活動を続けている。偶像からサバイバーへ。それがマリアンヌ・フェイスフルだ。

1. 元夫ジョン・ダンバーとの一人息子
ニコラスは金融ジャーナリストになった。
著書あり。

©rave. IPC Magazines Ltd. 1970. 1.

2. 1967 年 6 月、ミックの麻薬事件の
判決をホテルの一室で待つマリアンヌ。
このルック。

© ミュージック・ライフ、新興楽譜出版社. 1967. 9

3. 1968 年『ロックンロール・サーカス』で
「サムシング・ベター」を歌うマリアンヌ。

©Mike Randolph. *Mike Randolph*
"Rolling Stones" Rock and Roll Circus. Faber & Faber. 1991

Foale and Tuffin

フォール・アンド・タフィン

聡明な女性ふたりが
女性のためにつくる服

金曜日。〈Biba〉のデザイナー、バーバラ・フラニッキは気もそぞろだ。夜には人気音楽番組「レディ・ステディ・ゴー！」がオンエアされる。司会者の"モッズの女王"ことキャシー・マガワン*がその日なにを着るか？ 〈Biba〉か、それとも〈Foale and Tuffin〉か？ キャシーはプロだ。その日、自分が一番よく見える服をチョイスする。どうか〈Biba〉を着てくれますように。祈るような気持ちでいると、居間でテレビを観ていた夫フィッツの「やれやれ、キャシーはフラッフィー＆タッフィーを着てるよ！」という声が聞こえてきた。バーバラは嫉妬のあまりムカムカしてくる。彼ら夫婦の間では〈Foale and Tuffin〉をフラッフィー＆タッフィーと、からかい気味に呼んでいた。"The weekend starts here!（週末はここからスタートする！）"というグラフィカルに描かれたオープニングのキャッチフレーズと、マンフレッド・マンのゴキゲンなテーマ曲「5-4-3-2-1」にのせて「レディ・ステディ・ゴー！」は始まる。1963年から1966年まで放送され、ビートルズ、ローリング・ストーンズ、ザ・フーらがスタジオに生出演し、フロアではお洒落でモッドな若者たちがダンスする番組だ。

〈Foale and Tuffin〉は、1961年にロイヤル・カレッジ・オヴ・アートを卒業したマリオン・フォールとサリー・タフィンが立ちあげたブランド。そして同年、ナイツブリッジにあった百貨店ウーランズの1階に新進デザイナーたち（マリー・クワント、オシー・クラーク、ジェラルド・マッキャンなど）の服を集めた〈The 21 Shop〉がオープンする。22歳のバイヤーのヴァネッサ・デンザが同世代の彼女たちの服を気に入り、このショップで〈Foale and Tuffin〉を扱うようになったことから、『ヴォーグ』の「ヤング・アイディア」という若い読者向けのページをたびたび飾り、人気ブランドへと成長した。

初期のモッドなドレスでも
どこか優しげなのが
〈Foale and Tuffin〉。

©David Bailey. *British Vogue.*
The Condé Nast Publications. 1964. 10/15

モデルはパティ＆
ジェニー・ボイド姉妹。
ジェニーはハウスモデルでもあった。

©Barbara Bernard. *Fashion in the 60's.*
Academy/St. Martin's. 1978

1965年頃、マリオンとサリーはカーナビー・ストリートから少し入ったマールブラ・コート1番地にブティックをオープンする。カーナビー・ストリートにはメンズのショップはたくさんあったがレディース専門店はなく、最初のブティックとなった。

ところで、私は女性が女性のために作る服が好きだ。男性デザイナーが作る女性の服とは決定的になにかが違う。女性のデザイナーが作る服は「自分が着たい」という気持ちが根底にある。男性の目を通して、女性が魅力的に映るかどうかは問題ではなく、まずは自分。自分が着たいかどうか。そして、それを着た自分が自分らしく、願わくば素敵に見え、自信をもてるかどうか。そんな理由で、私にとって〈Foale and Tuffin〉は特別なのだ。パティ・ボイドの妹で〈Foale and Tuffin〉のハウス・モデルだったジェニー・ボイドも、〈Foale and Tuffin〉を着た時が一番"私"だと感じられたと語っている。

彼女たちの服は若さ、楽しさ、ユーモアがあり、シンプル、クリーンでありながら、たとえそれが初期のモッドなものであるとしても、どこかにフェミニティが潜む。リバティプリントを使った作品などは、その筆頭だろう。さらには奥ゆかしさのようなもの。決してライセンス事業に乗り出したり、チェーン展開したりすることなく、カーナビー・ストリートから少し入ったマールブラ・コート1番地の、こぢんまりとしたブティックをずっと続けた。また、店員のみならず、パタンナー、縫製師、会計士も含めてスタッフは全員女性。マリー・クワントには夫のアレクサンダー・プランケット・グリーン、バーバラ・フラニッキにも夫のスティーブン・フィッツ＝サイモンという男性の後ろ盾があったが、彼女たちは女性だけでやり遂げた。それもごく自然に。そして店のスタッフ、客同士もまるでひとつのファミリーのようなイ

ンティメイトな雰囲気でリラックスしていた。たとえば、ある日パティ・ボイドが夫のジョージ・ハリスンと一緒に店にやってきて、スタッフが淹れた紅茶とビスケットでお茶の時間を楽しんだという風に。

1965年、アメリカの大手小売業のピューリタン社が、ニューヨークのマディソン・アヴェニューに近未来的なインテリアのセレクト・ショップ「パラファネイリア」をオープンするにあたり、本国からは〈Betsey Johnson〉、イギリスからは〈Mary Quant〉〈Foale and Tuffin〉〈Zandra Rhodes〉の服をセレクトした。アンディ・ウォーホルの"スーパースター"のひとり、イーディ・セジウィックもこの店の常連で、〈Betsey Johnson〉のハウス・モデルでもあった。ベッツィによれば、女性のためのパンツ・スーツをつくったのはサンローランより〈Foale and Tuffin〉のほうが早かったという。

翌年、〈Foale and Tuffin〉はウォーレン・ベイティ主演の映画『カレイドマン 大胆不敵』（1966）で相手役のスザンナ・ヨークの衣装を担当する。スザンナ・ヨークはブティックのオーナーを演じ、ジェーン・バーキンは客役、さらにパティ・ボイドがスタッフ役でカメオ出演している。また、オードリー・ヘプバーン主演の映画『いつも2人で』（1967）の白いパンツ・スーツも〈Foale and Tuffin〉だ。

1972年、彼女たちはそれぞれ別の道を歩むことを決める。マリオンは結婚してロンドンを離れ、サリーはしばらく〈Sally Tuffin〉のブランド名のもとに服づくりを続けるが、1975年には子ども服のデザインに転向。思えば1972年は潮目の年だったのだろう。ヴィヴィアン・ウェストウッドとマルコム・マクラーレンが、最初のブティック〈Let It Rock〉をオープンしたのが1971年。パンク・ムーヴメントの萌芽だ。なんとなくだらだら続いていた60年代的なも

のは終わっていた。マリオンとサリーがコンビを解消したのは、結婚、出産という当時の女性にとって人生の重大な局面を迎えたことも大きいが、そこはかとなく漂う'60sの終焉を敏感に嗅ぎとったからではないだろうか。そんな彼女たちの聡明さも、私が〈Foale and Tuffin〉を特別に好きな理由のひとつなのである。

—

1. ジャポニズムの影響が随所に。
1971年5月に催された
山本寛斎のショウをふたりは見ている。

©Carrara. British Vogue.
The Condé Nast Publications. 1971. 9/15

2. リバティ社の生地を使ったスモック。
70年代初めのアイメイク。
極細眉にカラフルなシャドウ。

©Peter Knapp. British Vogue.
The Condé Nast Publications. 1971. 6

3. マリオン・フォールとサリー・タフィン。
〈Foale and Tuffin〉は
女性ふたりのブランド。

©David Montgomery, Iain R. Webb. Foale and Tuffin:
The Sixties, a Decade in Fashion. ACC Editions. 2009

The Fool

ザ・フール

虹色の魔法ですべてを彩る
サイケなトリックスター

　空港という空間がいまよりもずっと特別な意味をもっていた時代。それが60年代だ。世界を股にかけ、冬はサンモリッツでスキー、夏は南仏サントロペの海岸に遊ぶ。そんなリッチでファッショナブルな人々（たとえば貴族、大富豪、映画スター、そしてロック・スターたち）を「ジェット・セット（ジェット族）」と呼んだ。

　私は、空港で撮られたロック・スターたち、彼らの妻やガールフレンドのファッションを見るのが、たまらなく好きである。空港という無機質で近未来的な場所を、ランウェイのように歩く素顔のロック・スターとパートナーたち。ああ、これ以上にグラマラスな組み合わせがあるだろうか！！！

　そんな空港ファッション・ショーのなかでも、

ジョージ・ハリスンの妻だったパティ・ボイドはいつでも最新の服を着ていて、私たちの期待を裏切らないのであった。1967年、ロサンゼルスへ向かうためにロンドンの空港に現れた彼女のスタイルはまたもや話題をさらう。パティの長く美しい脚が惜しげもなくあらわになった超マイクロミニのヒッピー風ドレス。これにコード刺繍のある丈の短いベストを重ね、胸元にはビーズのネックレスを幾重にも垂らし、足もとはスエードのグラディエーター・サンダル、と全身フラワーパワー満開といったスタイル。これにいち早く目をつけ、衣装の出どころを突き止めたのが、タブロイド紙『デイリー・ミラー』のファッションエディター、フェリシティ・グリーン。ファッションの動向に敏感な、いわば

ザ・フールの4人。彼らが壁画、インテリア、
服を制作した〈Apple Boutique〉にて。

1. リンゴ・スターが
ザ・フールのために提供した、
モンタギュー・スクエア 34 番地の
フラットで撮影されたスナップ。
©rave. George Newnes Ltd. 1967. 9

2.1967 年にはマイクロミニで
全身ヒッピー・ファッションの
パティ・ボイド（左上）。彼女はいつも
流行の先端をいった。

©Felicity Green. *Sex, Sense and Nonsense:
Felicity Green on the '60s Fashion Scene.*
Acc Art Books. 2014

3. ザ・フールが制作した衣装で
「アイ・アム・ザ・ウォルラス」を
演奏するビートルズ。

© ミュージック・ライフ. 新興楽譜出版社 .1968. 7

ファッションの優れた目利きだった。

『デイリー・ミラー』1967年8月8日の記事のタイトルは"Q：Where did Patti（原文ママ）get that gear?（質問：パティのあの服はどこの？）"、それに対し、"A：The Hippie Hautes Couturieres（答え：ヒッピーのオートクチュールのデザイナー）"とある。そのヒッピーのクチュリエこそが、この章の主人公のザ・フールである。彼らはオランダ人アーティストのシーモン・ポシュマ、マレイケ・コーガー、ヨースエ・リーガーとただひとりのイギリス人であるバリー・フィンチからなるデザイン集団。パティによれば、画商のロバート・フレイザーか、マリアンヌ・フェイスフルの元夫でインディカ・ギャラリーを経営していたジョン・ダンバーを通して彼らを知ったらしい。

彼らを最初に有名にしたのはフォトグラファーのカール・フェリスだ。ヴァカンスで訪れたスペインのイビサ島で知り合い、自分たちでデザインした衣装を纏う彼らの写真を撮った。これが『サンデー・タイムズ』に掲載されたところ、大きな反響を呼んだ。なぜなら、この記事によって人々は初めてサイケデリックなファッションを目にしたからである。これをきっかけに彼らは一躍サイケデリアの伝道師となり、ロンドンに招かれ、スタジオを構えた。

また、唯一のイギリス人メンバーであるバリー・フィンチは、サヴィル・シアターの広報として働いた経験を活かし、ザ・フールのスポークスマンも兼ねた。当時サヴィル・シアターはビートルズのマネージャーのブライアン・エプスタインが賃貸契約を結んでいたことから、やがてビートルズがザ・フールの存在を知る。彼らの作品はこの時代のドラッグ・カルチャーやサイケデリアの風潮とぴったりと波長が合い、ビートルズをはじめとするさまざまなアーティストの御用達デザイン集団となった。

まずはビートルズからいこう。世界初の多元衛星中継のテレビ番組となった1967年6月の「Our World〜われらの世界〜」で、新曲「愛こそはすべて」を披露することになり、EMIレコーディング・スタジオ（現在のアビー・ロード・スタジオ）には、パティ・ボイド、ジェーン・アッシャー、ミック・ジャガー、マリアンヌ・フェイスフル、キース・リチャーズ、エリック・クラプトン、グレアム・ナッシュらが招かれた。この時のビートルズの衣装はすべてザ・フールが制作した。飾りがたくさん付いた衣装は、リンゴ・スターには「とんでもなく重い！」もので、ドラムを叩くには不向きだったようである。世界24カ国に発信され、約4億人が視聴したというこの番組は、日本ではNHKが放映し、早朝3時55分から6時という時間帯であったため、同日の夜に再放送された。といってもビートルズの出番は約4分ほどだったが。

ザ・フールとビートルズの蜜月は続く。1967年12月にオープンした〈Apple Boutique〉の壁画と店で売る服のデザインのためにビートルズから多額の資金が用意され、彼らに制作が任された。このブティックで売られた服は高価な生地を使い、服に付ける"Apple"のタグにさえ「見栄えがよい」という理由で本物のシルクを選ぶという始末であるから、ビートルズもザ・フールもビジネスのことは、ほぼ念頭になかったようだ。服のデザインも異国のお伽噺から抜け出したようなファンタスティックなもので、およそ街着としては着られるようなものではなかった。やがて〈Apple Boutique〉は観光名所となり、ひっきりなしに客は来るものの、あまりに奇抜で高価な服は売れず、万引きも日常茶飯事。たった7カ月で大赤字となり、閉店の憂き目にあう。

ビートルズのなかでも一番サイケデリアに染まったといえるのは、やはりインド音楽に傾倒

したジョージ・ハリスンだろう。彼がサリー州に買ったバンガローの暖炉の上にはザ・フールの壁画が描かれた。ジョン・レノンのピアノも彼らのペインティングで飾られ、TV映画『マジカル・ミステリー・ツアー』(1967)で「アイ・アム・ザ・ウォルラス」の演奏シーンでの衣装も彼らが手掛けた。

アメリカ・ツアーを控えたクリームのために衣装デザインと楽器のペインティングをしたのもザ・フールである。ほかには「青い影」が大ヒットして一躍スターダムを駆け上がったプロコル・ハルムの衣装。これには派手な色のサテンの生地やペイズリー柄が使われたチュニック風の上着と、5人のメンバーそれぞれ青、緑、オレンジ、ピンク、黒のタイトなパンツをフリンジが付いたスエードのハーフブーツのなかに入れて着るというコーディネート。まるで絵本のカラフルな王子様といった風で、ザ・フールの男性ふたり、シーモンとバリーのスタイルそのままである。また、この衣装は、日本のグループサウンズ(GS)の王子様スタイルとそっくりなことが面白い。女性ファンが失神することで知られた日本のアイドル的GSのオックスみたいな衣装を着たプロコル・ハルム。メンバーの心中やいかに。

そして、ホリーズのアルバム『エヴォリューション』のアートワークと衣装。なおホリーズのメンバーのグレアム・ナッシュはザ・フールの同名のデビューアルバムのプロデューサーにクレジットされている。彼はカール・フェリスが撮ったドノヴァンのヒット曲「Wear Your Love Like Heaven(天国の愛につつまれて)」の映像にも登場するなど、イギリスのサイケデリアの中心にいた。この映像にはパティの妹のジェニーもザ・フールの衣装を身に着けて出演した。かすかに滲んだようなネオンカラーの色調と、まるでお伽話の世界の住人のような衣装と、空を舞う鮮やかな布。どこでもない国から来た吟遊詩人のようなドノヴァンの世界が見事に描かれた作品だ。

ザ・フールの活動は音楽の分野だけにとどまらず、ジョージ・ハリスンが音楽を担当し、ジェーン・バーキンの初めての主演作品となった『ワンダーウォール』(1968)では、ジェーン演じる、その名もペニー・レインという若い娘の部屋のペイントされた衣装キャビネットとコスチューム——ジェーンはとても気に入ったという——の一部を制作。そして、パーティのシーンにはシーモンがフルートを吹き、ヨースエとバリーも客として出演し、踊るマレイケの姿も見られる。この映画のジョージによるオリジナル・サウンドトラック『不思議の壁』は、ビートルズのメンバー初のソロであり、アップル・レコードからリリースされた最初のアルバムとなった。

1968年、ザ・フールはイギリスを離れ、新天地を求めてアメリカへ渡る。ロック・ミュージカル『ヘアー』が上演されたロサンゼルスのアクエリアス・シアターの、世界最大といわれた壁画を制作したが、1970年、彼らは解散する。ビートルズの解散と同じ年に。

はたしてザ・フールとは、なんだったのか？ビートルズという王の宮廷に招かれた虹色の魔法ですべてを彩る、異国からやってきたトリック・スターだったのかもしれない。しかし、ザ・フールという眩しく光り輝く玉手箱が開けられた瞬間に、その終焉も決まっていたのだろう。欲しいと焦がれたおもちゃを手に入れたとたんに、色褪せてしまう童夢のように。

それでも、いまなお私たちは彼らが残した数々の作品に触れることができ、それらを通してサイケデリアの時代が、ぎゅっと濃縮され、万華鏡のように煌く夢を追体験できる。その幸運に恵まれたことは忘れてはならないだろう。

1. ジョージ・ハリスン邸の居間の
暖炉の上を飾る壁画はシーモンとマレイケの合作。

©Robert Whitaker. *British Vogue*. The Condé Nast Publications. 1968. 3/15

2.1967 年、ザ・フールがデザインした
ステージ衣装を着たプロコル・ハルム。

©rave. George Newnes Ltd. 1967. 11

3. クリームのギター、ベース、ドラムの
サイケデリックなペインティングもザ・フール。

©Karl Ferris, Charles Perry, Barry Miles. *I Want to Take You Higher: The Psychedelic Era 1965-1969*. Chronicle Books. 1997.

Bill Gibb

ビル・ギブ

幻想的な服を生み出す
ツイッギーの騎士（ナイト）

『ボーイフレンド』の
ロサンゼルスでのプレミアのために
ビル・ギブがデザインしたドレス。

©Justin de Villeneuve. Iain R. Webb. *Bill Gibb: Fashion and
Fantasy*. V&A Publishing. 2008

ツイッギーはありったけの感謝を込めてビル・ギブをこう讃えた。「輝く鎧を着た私の騎士（窮地を救うヒーロー）」と。

1967年の雪の朝のこと。ツイッギーは、ノッティング・ヒルにあるフラットの前に停めておいた彼女のクルマ*が雪溜まりにはまってしまったのを、なんとか引き上げようと悪戦苦闘していた。すると、スコットランド訛りの男性が「お手伝いしましょうか？」と声をかけてきて、なんとか無事にクルマは救出された。会話するうちに彼とツイッギーは何ブロックも離れていない近所に住んでいることがわかり、彼はツイッギーをお茶に招き、それ以来ふたりの友情は生涯続いた。彼こそが当時駆け出しのデザイナー、ビル・ギブであった。

1971年にツイッギーが初主演したケン・ラッセル監督の映画『ボーイフレンド』のロンドンとロサンゼルスで行われたプレミアで着る服の制作をビルに依頼した。

「彼の服を着るといつもプリンセスになった気分になったわ」

ツイッギーはモデルのキャリアにいったんピリオドを打ち、女優へと転身を図っていた。まったく演技の経験がない彼女にとって、それは挑戦だった。彼女がモデルとして活動したのは、わずか5年ばかりのこと。世界中で誰もが知っている顔になり、ミニスカートは彼女の代名詞となったが、60年代も終わりになると、ミニスカートは次第に古臭くなり、ヒッピー風のマキシスカートやフレアパンツに取って代わられる。また、ツイッギー風のショートヘアも廃れ始め、主流はロングヘアに。実際、ツイッギー本人も髪を伸ばし始めていた。ショートヘアにミニスカートのツイッギーのイメージはもはや過去のものになりつつあった。そんななかでの賭けともいえる主演映画『ボーイフレンド』(1971)。ロンドンでのプレミアにはアン王

Smock backed tartan coat and trousers edged with checks, *opposite*,
and a deep fringed hem of Fair Isle knit, over a similar knitted buttoned dress –
all tied together with long fringed scarf lined with rust and beige
patterned cotton; £135. Child's Indian embroidered waistcoat and skirt, 8 gns;
Liberty Lantana blouse, £3 10s; silk scarf, 25s; all at Liberty.
Tartan shooting jacket, *this page*, lined with cream and cobalt blue printed cotton,
and breeches with long buttoned gaiters all in one; checks around,
and a beautiful sweater with shading polo neck; £130. Flowered Liberty lawn
child's dress, from £7 18s. 9d. at Liberty. All hair by Mod's Hair, Paris.
Clothes designed by Bill Gibb, all at Fortnum & Mason. Sizes, colours, see Stockists

ニットのデザインは
ケイフ・ファセット。
素材、柄、すべてミックス＆
マッチがビル・ギブ。
©Sarah Moon. *British Vogue.*
The Condé Nast Publications. 1970. 1

女も臨席した。ツイッギーにとってはこの栄え
ある再出発に自信をもってのぞめる服、それが
彼女の"輝く鎧を着た騎士"ビル・ギブがつくる、
プリンセスのためのとっておきの衣装だった。
　ビル・ギブは、1943年にスコットランドの
農家の7人兄弟の長男として生まれた。幼い頃
から絵を描いたり、空想の世界に遊んだりする
のが好きで、その才能に目をつけた地元の教
師の勧めでロンドンのセント・マーティンズ・
スクール・オヴ・アートに進み、首席で卒業。

さらに奨学金を得て、ロイヤル・カレッジ・オ
ヴ・アートに学び、1967年、卒業を待たずし
てロンドンのアビングドン・ロードに友人らと
〈Alice Paul〉をオープンする。アビングドン・
ロードといえば、バーバラ・フラニッキが最初
の〈Biba〉のショップをオープンした通りだ。ビ
ルは〈Biba〉の店内の様子を興味深く見ていた。
そこでは、いつもなにかが起きていた。
　ビルは1969年にフリーランスのデザイナー
として、ファッション・ブランド〈Baccarat〉に

デザインを提供する。 当時、公私ともにパートナーであったアメリカ人のニット・デザイナーのケイフ・ファセットとコラボレートするようになり、彼はニットと布帛という異なる素材を合わせ、プリントには自然をモチーフに描き、ファンタジーのような世界を創造していく。

機は熟した。70年代を迎えた記念すべき英国版『ヴォーグ』1970年1月号に"Glorious Confusion(栄光ある混沌)"というタイトルで、これからの時代を担う新進デザイナーとしてビルの作品が4ページにわたって紹介された。フォトグラファーはこちらも売り出し中のサラ・ムーン。これは新人デザイナーとしては異例の扱いだろう。その証拠に、この特集のなかのひとつの服——シルクのプリントのブラウスとケイフ・ファセットによる編み込みのニットのベ

スト、シルクのプリントのブラウス、チェックの生地をふんだんに使ったマキシ丈のアコーディオン・プリーツのスカート——は『ヴォーグ』のエディターのビアトリクス・ミラーによって「ドレス・オヴ・ザ・イヤー」に選出された。彼のデザインのインスピレーションのもととなったのは中世の貴婦人、ラファエル前派の絵画、そして故郷スコットランドの大いなる自然。トレードマークは蜂で、ボタンにプリントに、とさまざまにあしらわれた。

1972年にビル・ギブは独立し、ニュー・ボンド・ストリートにショップをオープンする。初めてのショウを開き、ツイッギー、デイヴィッド・ベイリー、セシル・ビートンらが招かれ、大成功となる。ショウのあとのバックステージにはツイッギーが興奮冷めやらぬ様子で駆け

1.1972年、ビル・ギブは初めての
コレクションを発表。
招待客にはツイッギーも。
©Barry Lategan. *British Vogue*. The Condé Nast
Publications. 1972. 9

2. これらのドレスには、
バーナード・ネヴィルによる
リバティ社のウールの生地を使用。
©Barry Lategan. *British Vogue*. The Condé Nast
Publications. 1970. 10/1

寄って来て言った。「全部のドレスが欲しいの！今晩着たいから、どれかひとつ借りられないかしら？」。ライバルのオシー・クラークでさえ祝福するためにビルの肩を抱いた。

　彼の服は多くの著名人に愛された。ツイッギー、ビアンカ・ジャガー、エリザベス・テイラー……。彼が1974年の秋冬コレクションに発表した、ファー、ラメ、スパンコール、オーストリッチの羽根などを贅沢にレイヤードしたデザインは、"ビル・ギブの魔法のサーカス"と名付けられ、1976年のイヴ・サンローランの"ロシアン・コレクション"を予言している。

　しかし、80年代になると肩パッドの入ったパワー・ドレッシングが流行り、ビルが描くファンタジーやロマンティシズムには居場所がなくなる。また、彼にはビジネスの才覚が欠けてい

た。事業は縮小され、少数のクライアントにデザインを提供するのにとどまる。1985年に"ブロンズ・エイジ"というコレクションでカムバックするが、往年のような評価を得られることはなかった。そして1988年、44歳という若さで癌によりこの世を去る。彼自身の"輝ける鎧を着た騎士"は現れなかった。

　現在ビル・ギブは再評価され、ヴィンテージの市場で最も人気があるデザイナーのひとりである。私は人懐っこそうで、どことなく牧神を思わせるような彼の、優しげでいながら、少し無骨な風貌が大変に好きだ。

—

＊彼女のクルマ：パープルのミニ。"ミニの女王"ツイッギーは、クルマもミニがお好き。

1974年秋冬コレクションから。中央のグラスを差し出す男性がビル・ギブ。

©Norman Parkinson. *British Vogue*. The Condé Nast Publications. 1974. 9/1

G
Granny Takes A Trip

グラニー・テイクス・ア・トリップ

グラニーで売られていた
〈Tipper Ipper Appa〉というブランドのもの。
©Arnaud de Rosnay. *British Vogue.*
The Condé Nast Publications. 1969. 5

ジョージ・ハリスンが着た
ジャケットが記念切手に

始まりはチェルシーのはずれのキングズ・ロード488番地。ジャーナリストのナイジェル・ウェイマスと、彼のガールフレンドで、ヴィクトリアン、ジョージアン、'20sの熱烈なコレクターであるシーラ・コーエンのカップルに、オーダーメイドの高級紳士服店が並ぶサヴィル・ロウで修業したジョン・ピアースが加わり、1966年初めに〈Granny Takes A Trip〉はオープンした。店名の"granny"はシーラが集めていたヴィンテージの服を指す。当時はそれらをヴィンテージとはいわず、屋根裏から見つけてきたような"お婆ちゃんの服"という意味合いで"granny"と呼んだ。つまりそれは懐古趣味であり、"takes a trip"とはLSD体験によるアシッド・トリップのこと。

目まぐるしく変わるファサードが有名。
1967年は、往年のハリウッド女優
ジーン・ハーロウ。

パチュリ・オイルの強い香りが重く漂い、サイケデリックな音楽が大音量で流れ、商品もよく見えないほど暗い店で売られていたのは、ヴィクトリア朝のアンティーク、中東やインドのエスニックな服や小物、アンティークのブラウスをリメイクしたメンズのシャツ、ベルベットやサテンのタイトなフレアパンツ、テイラーメイドのジャケット、レースのブラウスやドレス、サングラスなど……。

ある朝、彼らはいつものように店の床に足を組んで座り、大きなマリファナのジョイントを互いに回していた。すると、ふたりの男が入ってきて店を見渡し、「なかなかいいんじゃない？ 君におあつらえ向きだよ」とリヴァプール訛りで話す声が聞こえる。見上げると、その声の主はなんとビートルズのジョンとポール。ふたりはこの店を気に入り、常連になる。アルバム『リボルバー』(1966)の裏ジャケットでジョンが着ている大きな襟のシャツは〈Granny Takes A Trip〉のものだ。瞬く間に"最高にヒップな店"という噂が広まり、顧客にはローリング・ストーンズ、ザ・フー、スモール・フェイセス、ピンク・フロイド、ジミ・ヘンドリックスといったロック・スターばかりではなく、上流階級の令嬢や洒落者たちが加わった。

この店でつくられた服で最も有名なのは、1967年にジョージ・ハリスンが着たウィリアム・モリスのテキスタイル"Golden Lily*(ゴールデン・リリー)"を使ったジャケットだ。ここにも世紀末趣味がうかがわれる。このジョン・

ジョージのジャケットは
ウィリアム・モリスのテキスタイル
"Golden Lily" を使用。
© ミュージック・ライフ.
新興楽譜出版社. 1968. 9

オシー・クラークはモリスの
"Chrysanthemum" を着た。
まるでロック・スターのよう。
©Paul Gorman. *The Look: Adventures in Rock and Pop Fashion.* Sanctuary Pub Ltd. 2001

ピアースのサヴィル・ロウ仕込みのテイラリングによるジャケットには何種類かの柄がある。デザイナーのオシー・クラークや、映画『イージー・ライダー』(1969)を監督し、ピーター・フォンダとともに出演した俳優のデニス・ホッパーは、Lily（百合）ではなくChrysanthemum（菊）を着た。後年これらはミュージアム・ピースと評価され、2012年にロイヤルメールの記念切手の図柄に選ばれた。

　〈Granny Takes A Trip〉の特徴のひとつに、メンズとレディースの両方が置かれていたことがある。いまや珍しいことではないが、これも当時としては画期的だった。ツイッギーが1967年に来日し、東京ヒルトンホテルの真珠

の間で行われた記者会見で着たクラッシュ・ベルベットのマイクロ・ミニのドレス*も〈Granny Takes A Trip〉のものだ。このドレスを着て、手にはオモチャの人形「グルック」を持ち、壇上に置かれたなにかの機材のコードが邪魔らしく、それをあの小枝のような脚でヒョイと軽やかに跨いだのを見た私は、すっかり彼女の虜になった。まるで仔鹿のように愛くるしい姿……。これと同じドレスを歌手のP. P. アーノルドがスモール・フェイセスと共演した「ティン・ソルジャー」で着ている。

　そんな〈Granny Takes A Trip〉もこの時代のほかのブティックと同じ運命をたどる。1969年に店の名前と権利を、こちらもロック・ス

1967 年 10 月に来日した
ツイッギーの記者会見。
パープルのマイクロミニのドレスで。
© ミュージック・ライフ：新興楽譜出版社．1967．12

最初のファサード。
ナイジェル・ウェイマス（右）と
喜劇王チャップリンの息子マイケル。
©Richard Lester. Boutique London: A History:
King's Road to Carnaby Street. Acc Art Books. 2010

ター御用達のブティック〈Dandie Fashions〉の
フレディ・ホーニックに売り、ナイジェルはグ
ラフィック・デザイナー、シーラはコーンウォー
ルに移りスピリチュアリズムの世界へ。ジョン・
ピアースは映画製作に乗り出すが、80年代に
は再びファッションの世界に戻る。
　もともとモッズだったジョン・ピアースは、
〈Granny Takes A Trip〉がアフガン・コートを
輸入し、ヒッピーの店になっていくのに耐えら
れなかった。獣の匂いのするアフガン・コート
が大嫌いで、ほかのふたりとたびたび口論に
なった。彼は振り返る。「あれが終わりの始ま
りだった」と。すると〈Granny Takes A Trip〉
のトリオの決裂はアフガン・コートのせい？

このエピソード、私はとても気に入っている。
アンチ・ヒッピーになったピアースは映画『エ
デンの東』(1955) にインスピレーションを得
て、'50s風の服を〈Granny Takes A Trip〉後期
につくるが、さっぱり売れなかった。この頃に
なると彼の髪は短く刈り込まれ、サングラスを
かけ、その姿はまるで元祖パンク。マルコム・
マクラーレンにしてもアンチ・ヒッピーは、な
ぜか'50sやロックンロール・リヴァイヴァルを
標榜するのは面白い。これについてはまた。

―

＊Golden Lily：1899年に、モリスの一番弟子ジョン・ヘンリー・ダール
によって考案されたプリント。大きな百合の花が描かれている。
＊マイクロ・ミニのドレス：襟元と袖口にはアンティークらしき白のレー
スがあしらわれていた。

Hair

ミア、マリー、ツイッギー
時代を映すショートヘア

『ローズマリーの赤ちゃん』(1968)は、ミア・ファローのファッションが、どのシーンもとびっきりに可愛いし、着こなしを何パターンも見せてくれるという点でも最高な映画だ。私にとって映画とは、現実ではお目にかかれない美女、美男、美しい衣装を見るための装置なのである。私は表層を愛する。

　ミアの衣装は、たとえばコットンのストライプのミニドレスに紺色のウールのセーターを羽

織り、同じ色の厚手のタイツ。そして、黒いエナメルのメリージェーン・シューズ。本来であれば合わせないコットンという夏の素材とウールのミックスが心憎い。しかもガーリーなのだ。1990年代後半、デザイナーのミウッチャ・プラダによる〈MIU MIU〉のルックに影響を与えたのではないだろうか？　のちにミウッチャは『ローズマリーの赤ちゃん』のサウンドトラックを〈MIU MIU〉の2006年秋冬コレクションのショウで使用している。映画のオープニング・タイトルで「ラ、ラ、ラ」とミア・ファローがささやくように歌う子守唄だ。

　この映画に大きく貢献したのが、ロンドンが生んだ美容界の革命児、ヴィダル・サスーンによるヘアスタイル。彼はカットとブローだけでできるヘアスタイルをつくり上げた。それまでの女性は、夜寝る前には、小分けにした髪をカーラーで巻き、その上にネットを被り、ベッドに入った。カーラーは硬くて痛い。翌朝、カーラーを外し、くしで逆毛をたて、出来上がったヘアはしっかりとヘアスプレーで固められた。そんな苦行から女性を解放したのが、サスーンだ。代表作は「ファイヴ・ポイント・カット」。マリー・クワントのヘアスタイルでおなじみのショートボブだ。手入れは簡単。彼の精密なカットさえあれば、どんなに動いても、ヘアは元どおり。女性はクラブで踊り明かしたり、スポーツカーを自分で運転したりする自由、そして時間を手に入れた。

　『ローズマリーの赤ちゃん』に話を戻そう。ストーリーは1965年に始まり、1966年6月にミア演じるローズマリーが出産するまで。前半は、いかにも幸せな若妻らしく、ドリス・デイのような内巻きのボブ。これはサスーンが作ったウィッグである。妊娠すると、彼女はなぜか痩せ細り、生のレバーを衝動的に食べるなど異常な行動をとりだす。そして、ヴィダル・サ

1. アヴェドンが撮った 21 歳のミア・ファロー。
ショートヘアは彼女を国際的スターにした。

©Richard Avedon. *British Vogue.*
The Condé Nast Publications. 1966. 8

2. ヘアはヴィダル・サスーン。
ジオメトリック・ボブ。
流行のミニには、これで決まり。

©Traeger. *British Vogue.*
The Condé Nast Publications. 1965. 10/15

3. ヘアはヴィダル・サスーンのスタイリスト、
ロジャー・トンプソンによる。

©Helmut Newton. *British Vogue.*
The Condé Nast Publications. 1969. 1

1. 女優ダリア・ラヴィ。
ヘアピースはレナード。
この技術が『2001年宇宙の旅』に活かされた。

©David Montgomery. *British Vogue.*
The Condé Nast Publications. 1966. 5

2. 赤褐色に輝くアフロ・ヘアは
レナード制作のウィッグ。
カラーリングも得意とした。

©Clive Arrowsmith. *British Vogue.*
The Condé Nast Publications. 1969. 9/1

スーンの美容室で最新のショートヘアにする。そのおかげで、げっそりと窪んだ頬があらわになり、目の下にはクマができ、青白く、いっそう病的に見えた。幸せな若妻から、狂気に駆られるローズマリーへ。サスーンのヘアスタイルが上手く使われている。

この作品の監督であるロマン・ポランスキーは、カトリーヌ・ドヌーヴ主演『反撥』(1965)で、ロンドンのヴィダル・サスーンのサロンでロケをしている。そのお礼というわけで、彼を5000ドルという破格のギャラでハリウッドに招く。そしてパラマウントのスタジオに設えたボクシング・リングで、ミアのヘアをサスーンが切るというプロモーションを行い、大勢の記者やカメラマンを集めた。実は、ミアのヘアはすでにショートヘアで、サスーンはたった1センチほどカットしただけではあったが。

映画のなかでも、サスーンの名をミアが口にするシーンが2度ある。ひとつでは、ミアが夫(映画監督のジョン・カサヴェテスが演じた)に「ヴィダル・サスーンに行ってきたの」と言う。夫の反応は「なんだその髪は？ その髪のせいでひどい顔に見える。切るなんてバカだよ」と手厳しい。もうひとつは、友人が訪ねて来た時。ドアを開け、迎え入れるミアのすっかりやつれた姿に「一体どうしたんだ？」と驚く。ミアは髪に手をやり、「ヴィダル・サスーンよ。とっても"in(流行っている)"なの」と説明するが、年長で男性の友人は「ひどく見える」と、彼女の身になにか不吉なことが起きていると気づく。

この扱いについてサスーンは「あれがハリウッド流ってものさ。ほかではありえない」とのちに語っている。しかし、『ローズマリーの赤ちゃん』は大ヒットし、サスーンの名はアメリカ中に知れわたり、ミア・ファローをスターにした。彼女の少女っぽい未成熟な魅力は、新しい女性の美となり、リチャード・アヴェドン

が『ヴォーグ』誌のためにミアを撮り下ろした。

その2年前の1966年、大西洋の向こう側のイギリスでは、ツイッギーが長かった髪を少年のようなショートヘアにしたことで"1966年の顔"とメディアにもてはやされ、瞬く間に時の人となった。彼女のヘアをカットしたのはレナード・ルイス。ロンドンの高級住宅街メイフェアに構えたサロン「レナード・オヴ・メイフェア」は、かつてエルザ・スキャパレリのブティックだった瀟洒なタウンハウス。顧客には、ジャッキー・ケネディ、ミック・ジャガー、俳優のテレンス・スタンプ、グレイス・ケリー、オードリー・ヘプバーンなどがいた。

レナードは、ヴィダル・サスーンのもとで修業を積み、独立した。このふたりは生まれがロンドンのシェパーズ・ブッシュ、労働者階級出身という共通点があり、生涯の友人であった。サスーンがアメリカ進出を果たし、ヘアケア製品をつくり、TVショウのホスト役もこなすなど、美容師の枠を超えて華やかな脚光を浴びる一方で、レナードの活動の場は彼のサロンであった。しかしある日、スタンリー・キューブリックから新作『2001年宇宙の旅』(1968)の仕事の依頼がきた。それは、冒頭のシーンに登場する猿人の衣装に付ける体毛を制作してほしいというもの。これをきっかけにレナードとキューブリックは『時計じかけのオレンジ』(1971)『バリー・リンドン』(1975)でもタッグを組む。18世紀を舞台にした壮大なコスチューム・プレイである『バリー・リンドン』では、レナードが何百というウィッグをつくり、それらをロケ地のアイルランドに運ぶためにキューブリックはプライベート・ジェットをチャーターした。乗客はレナードだけ。あとの座席にはウィッグがひとつずつ乗せられた。

It Girls

イット・ガールズ

私がこよなく愛する
'60sを生きた女性たち

時代に愛された女性を"It girl"と呼び、語ることにしよう。彼女たちはみなファッションアイコンでもある。まずはアニタ・パレンバーグ。美しくサディスティックな、女性看守のような名をもつ、この女性を最初に知ったのは、私が中学生の頃。当時の洋楽ファンなら必ずたどる道、つまり『ミュージック・ライフ』誌の読者だったからだ。ローリング・ストーンズのキース・リチャーズの隣りでペルシャ風の絨毯の上に胡座をかく、豹柄のパンツを穿いた女性に目を奪われた。光を放つような笑顔は、輝く瞳と肉食獣の歯。無造作に切った肩までのブロンドの髪。瞳の輝きをいっそう際立たせる光沢のあるサテンのシャツの胸元を深く開け、ネックレスを重ね付けして、大きなバックルが付いた太いベルトを腰に引っ掛け、脚を組むアニタ。一番カッコよかった時代のキースにぴったりな女性。この写真は1969年、ふたりが住んでいたチェルシーの家で撮られた。チェルシーといえば、ロンドン中心部を走る地下鉄サークル・ラインのスローン・スクエア駅からキングズ・ロードを西へ歩いたあたり。いまもファッショナブルなエリアだが、1988年に初めてこの地に立った時は、軽く震えた。

私はブライアン・ジョーンズがいた頃と、彼が脱退して、いかにも初なミック・テイラーが入って来た頃のストーンズが最も好きだ。なかでもアルバム『Beggar's Banquet』(1968)と『Let It Bleed』(1969)を至高と信じる。なぜならば、悪魔的な美しさが奇跡的に封じ込

映画『パフォーマンス』で
ミック・ジャガーと共演した頃のアニタ・パレンバーグ。

められているから。特に『Let It Bleed』の最後の曲「You Can't Always Get What You Want」の歌詞に"I went down to the Chelsea Drugstore（チェルシー・ドラッグストアに行った）"というフレーズを聴いてから、チェルシーは私のなかで聖地となった。以前〈Anouchka〉のとってもイカすお客さんに「アヌーシュカってチェルシーっぽい」と褒められたのが忘れられない最高の賛辞だ。話が脱線した。戻そう。

アニタがトップに光る素材、特にフリルのついたサテンのブラウスやラメのタートルのセーターを好んで着たのは、自分の輝く瞳の魔法をよくわかっていたからだろう。それらは互いに反射し合い、「私の魅力はこれだ！」と主張する。彼女はもうひとりのストーンズ。ストーンズを

クレイジーな存在へと転がし続けた。

1965年9月14日、アニタはハシシを手土産にストーンズのミュンヘン公演の楽屋に首尾よく入り込んだ。当時の彼らのスタイルといえば、モッズっぽいもの。たとえばミックは、どこかまだ学生の面影があるクルーネックのセーター。ブライアンはお得意のボーダーのTシャツに白の細身のパンツ。キースは、デニムのジャケットにキャスケットが定番。放っておけば一年中同じ服を着ていそうな、服装には無頓着で、ギターさえ弾いていればゴキゲン！といった風。アニタの目にはブライアン以外はほんのスクールボーイにしか見えなかった。そんなブルーズ狂いの若い男の子たちが、グラマラスなロック・スターに変身する背景には、

1968 年製作の映画
『イエロー・サブマリン』の
プレミアで、キースと。
アニタの典型的なルック。
© ミュージック・ライフ .
新興楽譜出版社 . 1968. 7

元夫ジョン・バリーとの
娘ケイトを抱いて。
もうひとつの肌のようにぴったり
したマイクロミニのドレス。
©anan ELLE JAPON. 平凡出版 . 1970. 4/5

アニタがいた。マリアンヌ・フェイスフルの自伝『Faithfull』に、アニタがブライアンと一緒に暮らしていた頃の様子が描かれている。彼らはブティックで手当たり次第に服やアクセサリーを買い込み、お出かけとなると、大変にナルシシストなふたりは、お互いを飾り立てて何時間も過ごした。クローゼットやトランクからは山ほどのスカーフ、シャツやブーツが飛び出し、何着も服を試しては気取って歩いてみせ、双子みたいにそっくりな彼らが、鏡を覗いておめかしするのを、マリアンヌはうっとりと眺めた。そこでは、男女の性別は曖昧になり、やがて消え去り、アニタはある時はブライアンを太陽王ルイ14世に、またある時はフランソワーズ・アルディに変身させた。

のちにアニタの恋人となったキース・リチャーズの、有名なコメントがある。「いつのまにかファッション・アイコンって呼ばれるようになったけれど、アニタの服を借りて着ただけ」。キースがアニタに初めて会った時「ものすごくビビった」し、「なんでも知っていて、しかもそれを5カ国語で話せるんだぜ！」と、強烈な個性の女性が現れたことを素直に感嘆したが、ミックは警戒心をもったという。アニタはミックのような男に飼い馴らされるような女ではない。アニタがストーンズのファッションに与えた影響をわかりやすく言うのなら、"アニタ以前"のストーンズはまだ少年っぽさが残るモッズ風に対し、"アニタ後"はベルベット、サテン、レース、ゴブラン織りなどを使い、アンティークや中東のカフタンなどエキゾティックなものも取り入れ、多彩で幻想的、デカダンな悪の華に化身した。ドイツ人の両親のもとローマで生まれ、ドイツの寄宿学校に学び、パリを拠点にモデルとして活動し、ニューヨークではアンディ・ウォーホルと交流する。そんなコスモポリタンな気質がファッションにもよく

表れている。彼女の定番はフェドーラと呼ばれる中折れ帽、フープ型イヤリング、ラメ、サテン、太いベルト。それにチェシャ猫みたいな輝く笑顔が加われば、完璧にアニタだ。

そしてジェーン・バーキン。若き日の彼女は森に棲む牝鹿のようだ。ハンターにライフル銃で狙われると、こちらをじっと見つめて「撃たないで」と目で懇願する。一瞬ハンターが躊躇した隙にすばしこく逃げる。そんな危うさと大胆さという相反するものを併せもつのが、ジェーン・バーキンだ。1968年、ジェーンはまだ1歳のケイトを腕に抱き、もう片方には、あのかごバッグを持ってフランスに渡った。18歳で結婚した、ボンド映画の音楽で知られる作曲家のジョン・バリーはほかの女性のもとに去った。傷心のジェーンが挑んだのは、映画『スローガン』(1969)のセルジュ・ゲンスブールの相手役のエヴリンという英国娘の役。ところがこのふたり、最初はまったく馬が合わなかった。ブリジット・バルドーと別れた傷がまだ癒えていないゲンスブールは、フランス語もまともに話せないジェーンを「カエルみたいな顔をした女優」と言い、冷たくあしらった。見かねた監督がふたりのためにディナーをセッティングし、その後のラヴストーリーは、ご存知のとおり。12年にわたる関係の始まりだ。そして、ゲンスブールがバルドーのために書いた曲「ジュ・テーム」がバルドーの夫に猛反対され、数年間お蔵入りしていたが、これをジェーンとセルジュで録音し直した。あまりにエロティックなこの曲はBBCで放送禁止になったにもかかわらず、チャート1位を記録し、イギリスで最初の外国語のヒット曲となった。ヨーロッパ、日本でもヒットし、フリー・ラヴの時代の賛歌となり、ふたりは常にスキャンダルを振りまく噂のカップルになった。ジェーンのファッションの特徴はなんといっても、露出

することにある。痩せた体をこれでもかと見せつける。たとえばショーツが見えてしまいそうな丈のミニ。お腹を見せたミドリフ丈のトップ。それでいてガーリー。真っ赤なバレエシューズ。胸に"darling"という文字が刺繍された少女が着るようなベビードール風のミニドレス。花のコサージュのストローハット。そして、かごバッグ。これはロンドンのマーケットで、たった2ポンドで買ったポルトガル製のものだ。ジェーンが一番輝いていたのは60年代終わりから70年代半ばだろう。1980年にゲンスブールと別れ、エルメスのバーキンを持つようになってからは、メイクがナチュラルになり、一段とカジュアルに着崩したパンツ・スタイルを好んだ彼女には、どうも私は食指が動かないのである。ナチュラルは時として退屈だ。

　もうひとりの"It Girl"はペネロピ・トゥリー。父はイギリスの保守党議員、母はアメリカ人のソーシャライトという名家に生まれた。13歳の時、写真家ダイアン・アーバスのモデルになったが、父が激怒し、発表は見送られる。1966年、まだ16歳だったペネロピは作家のトルーマン・カポーティが主催した「ブラック＆ホワイト・ボール」にベッツィ・ジョンソンがデザインした摩訶不思議なコスチュームで出席し、話題をさらった。その翌朝には『ヴォーグ』の編集長ダイアナ・ヴリーランドから電話が入り、リチャード・アヴェドンによる撮影が決まる。スタジオにペネロピが現れると、アヴェドンは息を呑んだ。「彼女に触れるな！　完璧だ」。写真はアメリカ版『ヴォーグ』1967年10月1日号に掲載され、たちまち彼女にトップモデルへの道が開かれた。彼女の家は裕福ではあったが、父は不在がちで、母はいくつもの情事を重ねていた。どこにも居場所がなかったペネロピを、モデルの仕事が家族という空虚な檻から抜け出させてくれたのだ。そこで出会った

のが、デイヴィッド・ベイリー。彼はまだカトリーヌ・ドヌーヴと婚姻関係にあったが、ペネロピと一緒に暮らし始めた。ペネロピは、ベイリーの新しいミューズとなり、英国版『ヴォーグ』は彼女を"フラワー・チャイルド"と称賛した。時代はヒッピー・ムーヴメント真っ盛り。しかし70年代に入ると、彼女の顔には大人ニキビの跡が残り、モデルとして致命的なダメージを負ってしまった。いつの時代でも一番美しい女を求めて撮るベイリー。ペネロピはもう自分が彼にとって無用な存在になったと悟る。ベイリーに新しい女性ができ、ふたりは終わった。ペネロピはずっと、典型的な美女ではないことに引け目を感じていて、綺麗なモデルたちのなかにいると、自分がエイリアンのように思えてならなかったという。いや、むしろそれが私の好きな彼女だ。ふわふわと移ろいやすい浮遊感。アーバスが彼女を被写体に選んだのも、異形の美を感じたのだと想像する。

　"It Girl"は、ここに挙げた3人だけではない。たとえば、パティ＆ジェニーのボイド姉妹、女優のジュリー・クリスティ、ポール・マッカートニーのフィアンセとして世界中のビートルマニアの羨望の的だったジェーン・アッシャー、ゲッティ家の御曹司と結婚したボヘミアン・シックの達人タリサ・ゲッティ、ヴィンテージを取り入れたお洒落が上手い、いつも素敵な歌手のジュディ・ドリスコールなど。彼女たちもまた"It Girl"であった。

1

2

3

1. フォトグラファーはデイヴィッド・ベイリー。
MOD な、MOD な、ジェーン・バーキン。
©David Bailey. *British Vogue*. The Condé Nast Publications. 1965. 6

2.13 歳からメイクをしていたという
ペネロピ・トゥリー。
「今日は 14 分で仕上げたわ」
©David Bailey. *British Vogue*. The Condé Nast Publications. 1967. 9/15

3.〈Thea Porter〉のペイズリー柄の上着と
グリーンのパンツのペネロピ。インドにて。
©David Bailey. *British Vogue*. The Condé Nast Publications. 1969. 1

Mick Jagger
Bianca Jagger

ミック・ジャガー、ビアンカ・ジャガー

世にもファッショナブルなそっくりカップル

ミック・ジャガーの顔というのは、美の規範からは外れている。ボマルツォの庭園にある巨大な口を開けた石像、冥府の神オルクスに似ていないこともない。眠たげなとろんとした目元にはふっくらとした甘さがあるが、頬にかけていったん窪み、そこからは臓物のような赤く厚い唇が、重みに耐えかねたようにぶら下がっている。首から鎖骨までのラインは美しい。ミックはバレエダンサーのルドルフ・ヌレエフのファンで、マリアンヌ・フェイスフルと一緒に舞台をよく観に行ったが、しなやかな筋肉がついた細身の肢体はバレエダンサーを思わせる。あの体型で、どんな奇抜な衣装も着こなしてしまう。いわゆる美男ではないミックを「グッド・ルッキングだ」と言ったチャー

リー・ワッツのコメントは、そんな意味なのだろう。初期のストーンズのステージでよく着ていた、素肌にクルーネックのセーターはとても似合っていた。袖を少したくし上げて歌う姿には、まだロンドン・スクール・オヴ・エコノミクスの学生の面影があった。この雰囲気を真似するのは、高度にお洒落でないとできない。のちの煌びやかな衣装の彼よりも、ずっと。

1966年を境にストーンズは、その頃ロンドンで花開いたさまざまなブティックの衣装に身を包むようになる。〈Hung On You〉〈Mr. Fish〉〈Granny Takes A Trip〉〈Dandie Fashions〉などを纏い、華麗で妖しいロック・スターにメタモルフォーゼしていく。

グループで一番のダンディであったブライ

まだどこかにロンドン・スクール・
オヴ・エコノミクスの学生っぽさがある。
クリーンだ。
©rave. George Newnes Ltd. 1964. 9

アン・ジョーンズが1969年に謎の死を遂げ、70年代に入ると、マリアンヌがシーンから静かに退場していったのと交錯するように突然現れたのが、ミックの新しいガールフレンド。ビアンカ・ペレス・モラ・マシアスという名の南米ニカラグア生まれの謎の女性であった。

　1970年5月、パリのオランピア劇場での公演のあとのパーティで、ふたりは出会った。浅黒い肌、濡れたような瞳、豊かな黒髪のビアンカは、いつもファッショナブルで、なによりもミックと瓜二つの顔立ち。彼女がストーンズを囲むサークルに入って来た時、キース・リチャーズのガールフレンドのアニタ・パレンバーグは、ビアンカがお気に召さなかったらしい。たとえばこんな意地悪をした。滞在先のホテルで自分の荷物を解くのが面倒で、ビアンカにいつも高価な服を借りて着ては、そこらへんに放っておいて、「ビアンカがいると便利だわ」などとうそぶいた。ストーンズの女たちのクイーンは、アニタひとりでいい。マリアンヌはアニタを姉のように慕っていたが、ビアンカとアニタは水と油。ビアンカは〈Yves Saint Laurent〉をよく着たが、サンローランを着たアニタなど想像できない。アニタのファッションは、ロンドンの知る人ぞ知るヒップなブティック。ビアンカはパリの一流メゾン。合うわけがない。

　1971年5月、ビアンカとミックはサントロペの教会で結婚式を挙げた。ポール・マッカートニー・ファミリー、リンゴ・スターと妻のモーリン、エリック・クラプトン、ロン・ウッド、

スティーヴン・スティルス、キース・リチャーズ、アニタ・パレンバーグなどロック・スターや貴族階級の友人たちを乗せたプライベート・ジェットがロンドンのガトウィック空港を飛び立った。式の介添人は映画監督のロジェ・ヴァディムと女優のナタリー・ドロンが務めた。ビアンカがフォトグラファーのリッチフィールド卿に手をとられて教会に入ると、彼女のリクエストだという映画『ある愛の詩』(1970)の甘ったるいメドレーがオルガンで奏でられた。花嫁はサンローランが仕立てた"ル・スモーキング"のジャケットとバイアス・カットのロングスカートの白いスーツ。薔薇の花のコサージュがあしらわれ、ヴェイルで覆われた帽子を被り、爪先の開いたアンクル・ストラップのサンダル

を履いた。素肌に着たジャケットからは、いまにも胸が見えそうだ。彼女はすでに妊娠4カ月。この事実を上手く隠した衣装でもあった。当初はオシー・クラークに依頼したが、妊娠していることを知らせるのを忘れてしまったため彼のドレスは着られなくなった。式にはオシーも呼ばれ、ドレスを持参したのだが。

　ミックは薄い若草色の〈Tommy Nutter〉のスリー・ピースのスーツ。ラペルには星の形をしたピンを留め、〈Deborah & Clare〉のプリントのシャツを合わせ、足元はスニーカーでドレス・ダウンしているのが、いかにも彼らしい。スーツにスニーカーというコーディネートはいまでこそ珍しくないが、1969年のジョン・レノンとオノ・ヨーコが結婚式でスニーカーを履いた

1. ビアンカのチョーカーは、
ミックが1969年ハイドパークの
コンサートで身に着けたものと思われる。
© ミュージック・ライフ, 新興楽譜出版社, 1972.1

2. ビアンカの、マキシ丈マントに
プラットフォームのサンダルを
合わせたところが心憎いほどお洒落。
© ミュージック・ライフ, 新興楽譜出版社, 1971.6

あたりが最初ではないだろうか。

　結婚式の日、マリアンヌ・フェイスフルはパディントンの拘置所にいた。汽車が来るまでの時間をつぶそうとして入ったインド料理のレストランで、ドラッグとアルコールで朦朧としていた彼女はカレーの皿に頭を突っ込んでしまう。驚いた店主が警察に通報し、酔いが醒めるまで一晩ご厄介になってしまったわけだ。

　ミックは極度なナルシシスト。だから、自分そっくりの女性と結婚した。ビアンカを愛することは自分を愛すること。マリアンヌのようなジャンキーは、もう彼には必要ではなかった。自分をよりグラマラスに見せてくれるゴージャスな女性とビューティフルなカップルとして注目されたい。そんな彼をジョン・レノンは"シーンの王様"と皮肉たっぷりに呼んだ。

　1974年、マリアンヌはデヴィッド・ボウイに誘われ、ストーンズのコンサートに行く。楽屋を訪ねたマリアンヌを見たミックはあからさまに嫌な顔をし、キースとアニタだけが歓迎した。マリアンヌは、メンズライクなジャケットに襟元と袖口にラッフルが付いたシャツを着て、お得意の"ワイルドなモーツァルト"を気取ったスタイルできめていたが、シックで洗練されたビアンカを前にすると、自分が時代遅れのように感じられた。マリアンヌのフラワー・パワーやピースの60年代は終わり、ビアンカのデカダンで享楽的な70年代が始まっていた。

　ビアンカは誰よりもお洒落だった。オシー・クラークは彼女のために服を作り、サンロー

1. 映画『パフォーマンス』のミックにそっくり。
角度といい、意図的だろう。
グラマラス！

©Eric Boman, *British Vogue*,
The Condé Nast Publications. 1974. 3/1

2. 『パフォーマンス』で
性別、善悪、すべてが曖昧模糊とした
世界に棲むロック・スターを演じた。

© ミュージック・ライフ 5 月号臨時増刊ストーン・エイジ
〈ローリング・ストーンズ写真集〉
新興楽譜出版社 . 1973. 5/5

ランは、コレクションのショウの最前列に彼
女を招待した。ミックもこの頃から、〈Tommy
Nutter〉やサンローランを着るようになり、ま
るでフランス人のように装った。そして、ミッ
クとビアンカは最もファッショナブルなカップ
ルとしてもてはやされ、ニューヨークの伝説の
ディスコティーク「スタジオ54」の常連となる。
ビアンカは「スタジオ54」の女王として君臨
し、アンディ・ウォーホル、作家のトルーマン・
カポーティが彼女を新しい時代の顔と絶賛し
た。なかでも圧巻だったのは、1978年に催さ
れた彼女の32回目のバースデイ・パーティだ。
真紅の〈Halston〉のドレスを着て、白馬にまた
がったビアンカは「スタジオ54」そのものだっ
た。しかしもうこの頃には、ミックは彼女よりも

背の高いテキサス生まれのスーパー・モデル、
ジェリー・ホール*と暮らしていた。ビアンカは
夫の不貞を理由に離婚を申し立てた。ミックは
ナルシシズムを満足させるために自分そっくり
の女性と結婚したが、いつの間にかビアンカの
ほうに注目が集まったことに嫉妬し、引き立て
役に成り下がったことに我慢がならなかった。

ビアンカのファッションの趣味のよさは抜き
ん出ていた。彼女のユニークさとは、ミック・
ジャガーの妻であること以外はなにもしないで
有名になったことである。強いていうなら"ビ
アンカでいること"だけで、70年代のナイト・
ライフの華になった。ある時はラメのターバン
を頭に巻き、孔雀の羽根で飾るといった砂漠
の王女風。真ん中にはキラキラ光る模造ダイヤ

の大きなブローチを留める。ホルター・ネックのドレスには、長いキセルを手にして、ハリウッドのサイレント時代のヴァンプ女優のように。マニッシュな〈Tommy Nutter〉のパンツスーツを着て、英国紳士好みのボーラーハットと彼女のトレードマークとなったステッキを持つ姿は、マレーネ・ディートリヒの男装を思わせる。高い頬骨と黒い瞳、残酷そうな口元。彼女がもつ異国的なエレガンスと「スタジオ54」のナイト・ライフの狂騒が混じりあい、シックで少しばかりキッチュな独特のスタイルが、ビアンカといえるだろう。彼女はAIDS前夜の70年代の饗宴の真っただ中を駆け抜けた。そして1978年、ミックと離婚。

現在のビアンカは、人権活動家である。彼女は16歳で奨学金を得てフランスに留学し、パリ政治学院で政治学を専攻していた。波乱の果てにビアンカが選んだ道は、そのままジャガーの姓を名乗り、有名であることを武器に人々の声となることであった。天晴れな女なのである。ビアンカとは。

追記：ミックの前は、俳優マイケル・ケインのガールフレンドだった。

—

＊ジェリー・ホール：ミックと別れてからは、メディア王ルパート・マードックと結婚するも、離婚。

ターバン、ブローチ、
羽根、ファー、煙草のキセル。
どこをとっても最高に
キマってるビアンカ。

©Dominique Tarlé, David Dulton.
三井徹『ローリング・ストーンズ・ブック』
草思社, 1973

K

Keef

キーフ

曇り空、濡れた煉瓦の壁……
ヒース香る"英国的"情景

ロンドンでの買い付けは、早朝からお昼までではフリー・マーケット、午後はチャリティ・ショップや街のヴィンテージの店へと、一日中、古着ばかり見ることになる。だから、ほかのもので気分転換をしたくなる。それが中古レコード屋めぐり。なかでもお気に入りは、ノッティング・ヒル・ゲイトにある〈Music & Video Exchange〉。ポートベロー・マーケットの近くということもあり、ここにはよく通った。その名のとおりレコードやビデオの中古専門店だが、値段のシステムが面白い。レコードジャケットの右上に貼られたラベルには、コンディション別にMint(新品同様)、Excellent(優良)、Very good(良い)などとランク付けされ、値段が書かれているが、最初に店頭に出た時から1

週間ごとに1ポンドずつ下がっていく。

この店でレコード棚を物色していた時に流れてきたレッド・ツェッペリンのファースト・アルバムを聴いた驚きといったら。「Good Times Bad Times」の、イントロのアタックが効いたギターのリフ。その爆裂音。文字どおり腰を抜かしそうになった。これが本物のUKオリジナル盤の音か！　と。いままで聴いていたのは一体なんだったのだろう。こうしてUKオリジナル盤の深き森の入り口に立ったというわけだ。そのうちに、12インチのLPレコードでなければ表現できないアートワークの魅力の虜になり、いわゆる"ジャケ買い"をするようになる。そして私が好きなジャケットのクレジットを見ると、写真とデザインに「Keef(キーフ)」という人名と

ブラック・サバス『黒い安息日』(1970)。
2月13日の金曜日に発売された。

もデザイン・チームともつかない名前があった。
　キーフ、あるいはマーカス・キーフとも呼ば
れる謎につつまれた人物の本名は、キース・マ
クミラン。1947年生まれで、7歳頃から写真
を撮り始め、ロイヤル・カレッジ・オヴ・アー
トで写真を学んだ。キーフという名を使ったの
は、彼より年長で同名のフォトグラファーが既
にいたためだ。ただし、キーフのラストネーム
のマクミランは「MacMillan」と綴るが、後者
は「Mcmillan」であり、「a」がない。
　1968年頃、まだ学生だった彼はフィリップス
レコード傘下の新興レーベル「ヴァーティゴ」
のプロデューサーであるオラヴ・ワイパーと出
会い、アルバム・デザインを依頼されるよう
になる。写真が撮れて、グラフィック・デザイ

ンもできるキーフはヴァーティゴの専属デザイ
ナーとなり、その創造性を存分に発揮した。
　1969年、ヴァーティゴから最初にリリース
されたアルバムはコロシアムの『ヴァレンタイン
組曲』。草原に白い彫像のような女性が佇み、
両側に巨大な燭台がある。写真とデザインとも
にキーフ。この1作目で彼の作風はすでに確立
していたといえる。ヴァーティゴは、ロックが
より実験的なアプローチをとる風潮となった60
年代終わりに誕生し、プログレッシヴ・ロック*
をはじめとする、小規模レーベルならではの先
鋭的なアーティストのレコードを制作した。
　最も有名な作品は、ブラック・サバスのデ
ビュー・アルバム『黒い安息日』(1970)だろう。
荒れ果てた古い水車小屋をバックに黒いマント

1. コロシアム『バレンタイン組曲』(1969)。
ヴァーティゴからの記念すべき1作目。

2. ニルヴァーナ (UK)『局部麻酔』(1971)。
ゲートフォールド・スリーヴのジャケットの表裏。
表ジャケでは後ろ姿だった男が
裏側では室内を覗き込んでいる。

を着た女性がこちらを見つめて立っている。このようにキーフの作品は廃墟、荒野、誰もいない寂れた遊園地などで撮られることが多い。あるいは背景とは似つかわしくない、どこからか降って湧いたかに見える芝居小屋の芸人のようなけばけばしい服を着た人の群れ。それは、同時代の寺山修司の作品の登場人物にも似ている。室内を題材にしても、そこは長く人が住んでいないように朽ちている。たとえ人が写っていても、この世のものともあの世のものともいえないようなはざまに棲む者たち。廃墟に惹かれるのは、それが初めからなにもない場所ではなく、かつての栄光の名残を見るからだ。栄華の果て。そして、いつも湿り気をおびた曇り空。1970年頃の英国の心象風景だ。

　キーフの作風に大きく影響を与えたのはベルギーのシュルレアリスムの画家ルネ・マグリットだ。1969年にロンドンのテイト・ギャラリーで開催されたマグリットの展覧会を観た衝撃をキーフはこう語る。「2時間後に会場を出た時には、大げさではなく自分はまったく別の人間になっていた」と。マグリットといえば、ビートルズのアップル・レコードの林檎のロゴ・デザ

ルネ・マグリット展
(1971) のチケット。
この展覧会で初めて
シュルレアリスムを知った。

インのもとにもなっていることからもわかるように、英国の60年代のポップ・カルチャーに与えた影響は大きい。マグリットの展覧会は日本では1971年に東京国立近代美術館などで催され、当時私も観ている。

　キーフに話を戻そう。キーフはヴァーティゴ、ネオン、ネペンシーといったレーベルで、約8年間で1000点を超えるジャケットをデザインした。そんな仕事に飽き始めた頃、ミュージック・ビデオという新しい波が到来し、キーフは仕事を映像へとシフトする。そこで出会ったのが、19歳の新星ケイト・ブッシュ。ケイトの最初のヒット曲「嵐が丘」(1978)のプロモーション・ビデオを手がけた。さらにケイトの初めてのツアーの模様を収めた『ライヴ・アット・ハマースミス・オデオン』(1981)を監督する。ここで見られる映像はいかにもキーフらしい粒子の粗いセピア色がかったもので、楽曲のもつゴシック・ホラー的ともいえる世界を上手く描いている。キーフの映像のなかのケイトは、マイケル・パウエルとエメリック・プレスバーガーが共同監督した映画『黒水仙』(1947)や『赤い靴』(1948)のなかのテクニカラーで彩られた登場人物を思わせる。彼女の顔立ちは、クラシカルかつ英国的なのだ。

　その後、キーフはポール・マッカートニー、クイーン、アバなど数多くのアーティストの作品を手がけるが、私はケイトと組んだ作品が一番好きだ。なぜならば、私が想う英国を体現しているから。それは、薄日が射す曇り空。雨に濡れた煉瓦の壁と蔦。荒野。ヒースの香り。天才少女ケイト・ブッシュとキーフとの出会いは、まさに起こるべくして起こった僥倖であった。

—

＊プログレッシブ・ロック：日本では一般的に「プログレ」と呼ばれるが、英国では略称は「プログ」である。

Anouchka Collection

Thea Porter

シルクのポンチョ。
百合の花と蝶を象った
アップリケが縫い付けられた
凝ったデザイン。
よりグレードの高い
〈Thea Porter Couture〉のライン。

Biba

ボルドー色の
ミディ丈プリント・ドレス。
レッグ・オヴ・マトン・スリーヴ。
60年代後半から
70年代初めのもの。

Biba

豹柄の
フェイク・ファーのスーツ。
ジップアップのジャケットは
ペプラム付き。
70年代中頃。

1987年にオープンしたヴィンテージ・ショップ〈Anouchka〉の買い付けのため、
幾度となく訪れているロンドン。そこで出会った'60s-'70sのミュージアム・ピースとも呼べる
コレクションのなかから、ほんの一部をご紹介する。

Model : Chiharu

Zandra Rhodes

1970 年春夏コレクション
"The Ukraine and 'Chevron Shawl'"
からの 1 着。テキスタイルは
シルク・スクリーンで制作。

Biba

ウールのマント。
襟は立てても、折り返しても。
"Big Biba" 以前、
1970 年前後のもの。

Biba

1969 年 6 月発行の
メール・オーダー・カタログに
掲載されたミニドレス。
白いスタンド・カラーと、
共布の包みボタンが可憐。

Biba

木の葉の柄のドレス。
襟と袖口はボウで結ぶデザイン。
レッグ・オヴ・マトン・スリーヴ。
60年代後期。

Mary Quant

〈Ginger Group〉のコート。
ベージュでトリミングされた
U字型のポケット。
黄色の〈Quant Afoot〉の
ブーツを合わせて。

Mr Freedom

星のプリントとパープルの
ベルベットのサロペットパンツ。
長袖のピタピタのTシャツが
グラム・ファッションの気分。

Jean Varon
フロントにラッフル。
スカート部分は大小のチェッカー・
ボード柄がボリュームたっぷりの
ティアードになった華やかなドレス。
1973 年頃。

Ossie Clark
素材にモスクレープを使ったトップ。
この柄と同じシャツを
ジミ・ヘンドリックスが
着ていたことから、
1970 年以前のものと思われる。

Biba
燻んだブルーのツイードの
ベストとお揃いのスカート。
1968 年 10 月発行の
メールオーダーのカタログに載っている。

1

Thea Porter

2021年ロンドンのファッション＆
テキスタイル・ミュージアムで
開催された「Beautiful People」
でも展示された人気のドレス。

2

Ossie Clark

"Traffic light dress"と呼ばれる
信号機の色を組み合わせたドレス。
1970年。当時の『anan』
ロンドン特集にも掲載。

3

Sally Tuffin

1972年に〈Foale and Tuffin〉
のコンビ解消後、
サリー・タフィンが
自身の名義で続けたブランド。
70年代初期。

4

Ossie Clark

"キャンディ・フラワー"
"アカプルコ"と呼ばれる、
異なるふたつのセリアの
テキスタイルを使った
シルク・シフォンのドレス。
1970年頃。

5

Ossie Clark

英国のクリスマスに付き物の
クリスマス・クラッカーを
モチーフにしたドレス。
以前サザビーズのオークションに
同柄のシャツが出品された以来
見かけない。大変に貴重。

1
Biba

ケンジントン・チャーチ・
ストリート時代（1966-1969）の
オプ・アート風の
トランスペアレントなドレス。
エンジェル・スリーヴ。

2
Annacat

ジャネット・ライルと
マギー・ケズウィックによる
〈Annacat〉のエメラルド・グリーンと
ブルーが鮮やかな
カシュクール・ドレス。

3
Biba

柄が織り込まれた
ウール・ジャージーのパンツスーツ。
70年代初め。インナーは
BibaロゴのTシャツ。

4
The Chariot
Cosmic Couture

元ザ・フールのメンバー、
ヨースエ・リーガーと
バリー・フィンチが
ロサンゼルスを拠点に
始めたブランドの
ハンカチーフ・ヘムのドレス。

5
Biba

黒のウール・ジャージーに、
同色のスパンコールで
びっしりトリミングを施した
ドレスとジャケットのアンサンブル。
"Big Biba"時代
1973年頃のもの。

1
Thea Porter

黒地にゴールドの
ペイズリー柄のロング・ベスト。
同じテキスタイルを使った
パンツが英国版『ヴォーグ』
1969 年 10 月 1 日号に掲載された。

2
Biba

ブークレ・ウールのジャケットと
ミディ丈スカートのスーツ。
スカート部分のバイアス使いは
〈Biba〉によく見られる。
70 年代初期。

3
Biba

黒地に臙脂（えんじ）、
ミッドナイトブルー、
シルヴァーの細い縞の入った
ラメのスリップドレスとボレロ。
1972 年頃。

4
Granny Takes A Trip

ラヴェンダー色のボレロと
スカートのスーツ。
ジョーゼットにサテン。
〈Granny Takes A Trip〉の
レディースは希少。

5
Biba

バーバラ・フラニッキ自身も
こちらの色違いを着た。
ゴブラン織りのマキシ丈ベスト。
ケンジントン・ハイ・ストリート時代。
1970 年頃。

1
Mr Freedom
星のアップリケと
椰子の木がポップ。
ヌードのロゴは、〈GUCCI〉
2018 年春夏コレクションの
T シャツに使われた。

2
Foale and Tuffin
太畝のコーデュロイのジャケット。
1964 年。
ジーン・シュリンプトンが
これと同じものをスーツとして
着た写真が残されている。

3
Biba
チョコレート色の濃淡が美しい
フェイク・ファーのコート。
アール・デコ風の
大きな菱形のボタンがいい。
70 年代中頃。

4
Ossie Clark
"オシー・クラーク・クチュール"
と呼ばれる Radley 社と提携する
以前のブラウス。
素材はコットン・ヴォイル。
セリアのテキスタイル。

5
Ossie Clark
シルク・シフォンの
ハンカチーフ・ヘムのスカート。
細長いスカーフを
繋げたようなデザイン。
『ヴォーグ』1968 年 11 月号に掲載あり。

Janet Lyle

ジャネット・ライル

貴婦人のような気高さが漂う
"ロンドンで最も美しい服"

〈Annacat〉という、この愛らしい名前のブランドのことを知ったのはいつだったのだろう？　もしかすると冬の早朝、薄暗いポートベローのマーケットで出会ったのかもしれない。ランカスター・ゲイトのホテルを出ると、ハイドパークに沿って伸びるベイズウォーター・ロードはすぐ目の前。ロンドンの夜明けはまだだ。ぼんやりとオレンジ色の街灯が点いた闇のなか黒塗りのタクシーを止め、「Ladbroke Grove」と行き先を伝えるが、一回で通じたためしがない。たいてい「Sorry?」と聞き返される。LとRとV。苦手な発音だ。3回目くらいでやっと通じて、私はシートに深く身を沈める。カーラジオからすすり泣くようなマリアンヌ・フェイスフルの1965年のヒット曲「This Little Bird」が流れて

くる。OK！ 絶好のBGMだ。さあ、ヴィンテージ・ハンティングに繰り出そう。

　そんな金曜日の仄暗いポートベローの、カノピーと呼ばれる大きなテントの下のストールで〈Annacat〉という素晴らしくロマンティックで、一目で上質とわかる象牙色のシルク・シャンタンの生地が使われたブラウス――襟、前身頃、袖にはたっぷりとラッフルがあしらわれていた――を見つけたのが最初だったのかもしれない。私のヴィンテージの知識はすべて独学だ。マーケットでピンときたものを買い、それらのブランドについて、仕入れの合間にマーケットや古書店で買った当時の『ヴォーグ』『19』『Flair』といったファッション誌をはじめ、『rave』『Honey』などティーン誌まで、キャプションをひたすら読む

典型的な〈Annacat〉の
エドワーディアン調ドレス。
モデルはジル・ケニントン。

©David Bailey. *British Vogue.*
The Condé Nast Publications. 1967. 5

レースのラッフルを
ふんだんに使ったブラウス。
1966年、モードはロマンティックへと。

©Bob Richardson. *British Vogue*.
The Condé Nast Publications. 1966. 10/15

ことで覚えた。なにしろインターネットが普及
する以前の時代のお話だ。

〈Annacat〉は、1965年ジャネット・ライルと
友達のマギー・ケズウィックがスタートしたブ
ランド。ふたりともいわゆるデビュタントと呼
ばれる良家の令嬢である。ブランド名は飼って
いた犬(猫ではない!)にちなむという。ブティッ
クは、高級百貨店ハロッズがあるナイツブリッ
ジにあり、最初のファッション・ショウには、
カトリーヌ・ドヌーヴとフォトグラファーのデ
イヴィッド・ベイリー夫妻も招かれた。まだ20
代初めの彼女らを資金面でサポートしたのが、

英国王室に所縁のある貴族であり、フォトグラ
ファーのパトリック・リッチフィールドだ。彼
は煌びやかな〈Mr Fish〉の服を日常着としたピー
コック革命の立役者のひとりで、一時はメンズ
の服を〈Annacat〉に提供していた。

〈Annacat〉の広告には、アドレスのブロンプ
トン・ロード270番地とともに"Annacat sells
the prettiest clothes in London(ロンドンで最
も美しい服を売ります)"と書かれている。その
デザインの特徴は、ドラマティックでロマン
ティック。若さと楽しさがありながら、どこか
ヴィクトリア朝の貴婦人を思わせる懐古趣味と

1. サテンのナイトドレスを着たパティ・ボイド。
ヘアはヴィダル・サスーンのロジャー。

©David Bailey. *British Vogue.*
The Condé Nast Publications. 1969. 11

2. ブロンプトン・ロードの
〈Biba〉とも呼ばれた
〈Annacat〉の広告。愛らしい。

©Richard Lester. *Boutique London:*
A History: King's Road to Carnaby Street.
Acc Art Books. 2010

ANNACAT &
270 BROMPTON RD.
LONDON SW.3.
KENSINGTON 0586

sells
the
prettiest
Clothes
in
London

2

気高さがある。鮮やかな色のプリント生地を使い、襟元や袖口にはラッフル、レース、ブロウダリー・アングレーズ（イギリス刺繍）がふんだんにあしらわれた。

　1967年の「サマー・オヴ・ラヴ」に始まる「フラワー・パワー」に影響を受け、ファッションはそれまでのモッドなものから、屋根裏部屋から見つけてきたようなヴィクトリアンやエドワーディアンの懐かしい"お婆ちゃんの服"を若い女性が着るようになる。ヴィンテージの発見である。ドレスの丈はマキシ。肩にはクローシェ編みの三角形のショールをふんわりと羽織って。

　〈Mary Quant〉に代表されるモッドなファッションが台頭していた1965年にスタートした〈Annacat〉は60年代後半からの「ロマンティック・リヴァイヴァル」の先駆けといえるだろう。70年代にフォークロア調のドレスで大ブレイクした〈Laura Ashley〉をロンドンで初めて扱ったのも"ブロンプトン・ロードのBiba"と呼ばれたこのブティックだったことも付け加えておきたい。その後フラム・ロードに〈Laura Ashley〉がオープンし、行列ができるほどの盛況ぶりとなる。もし〈Annacat〉を着るのなら、花のコサージュとヴェイルのついた麦わら帽子もお忘れなく。

M
Mr Fish

ミスター・フィッシュ

ミックやボウイも着た
男性のためのドレス

1 969年7月5日。その日がもし暑くなかった たら……。ロック史に残る、あのコス チュームは誕生しなかった。

ローリング・ストーンズのハイド・パークに おけるブライアン・ジョーンズ追悼フリー・コ ンサート。ミック・ジャガーは、当初オシー・ クラークがデザインした蛇革のスーツを着るつ もりでいた。しかし、午後の照りつける太陽の もと彼は考えあぐねていた。2日前にストーンズ の財務マネージャーのプリンス・ルパート・ロー

ウェンスタインが催した「ドレスコードは白」 というパーティーで着た〈Mr Fish〉のチュニック がある。よし、これでいこう!

25万人の観客を集めた、このライヴの模様は テレビで放送され、多くの人々が目にした。少 女が着るようなミックの衣装は、明らかにショッ キングであった。いわく「醜悪」「まるでキングズ・ ロードのブティックから出てきた若い娘」。白い ヴォイルの生地が使われ、袖は大きく膨らんだ ビショップ・スリーヴ。襟元と袖口にはラッフ ルがほどこされ、身頃の中央は紐でリボン結び にする。ウエストからたっぷりギャザーをとり、 丈は太腿まで。ボトムは白のフレア・パンツ。 髪は肩にかかる長さ。さらに彼はアイシャドウ と口紅でメイクアップしていた。

衣装をデザインしたのはマイケル・フィッ シュ。老舗シャツ専門店〈Turnbull & Asser〉で 修業し、大手スーパー・チェーンのセインズベ リーズの御曹司、バリー・セインズベリーのバッ クアップにより1966年にブティック〈Mr Fish〉 をオープンした。彼自身も、この"マン・ドレス" と名付けた男性のためのドレスやスカートを好 み、自らモデルを務めることもあった。

そして、1970年。やはりアンドロギュノスな 魅力をもつ新たなスター、デヴィッド・ボウイ もアルバム『世界を売った男』のカヴァー写真 で"マン・ドレス"を着用した。アメリカではこ のジャケットはレコード会社の上層部によって 却下され、まったく別のイラストに差し替えら れた。ボウイはウェーブのかかった長い髪を垂 らし、ブルーのベルベットのドレスで長椅子に 気怠げに横たわり、トランプのカードを弄んで いる。マーカス・キーフがデザインしたこのジャ ケットは、ボウイからラファエル前派の画家が 描く女性のような魅力を引き出した。当時の彼 は肩下までのロング・ヘアで、妻のアンジーは 短いマレット・ヘア。長い髪につばの広い帽子

1. ブライアン・ジョーンズの
死を悼み、シェリーの詩
『アドネイス』を朗読するミック。

©Richard Lester. *Boutique London:
A History: King's Road to Carnaby Street.*
Acc Art Books. 2010

2.〈Mr Fish〉の店内。
中央がオーナー兼デザイナーの
マイケル・フィッシュ。

©Joel Lobenthal. *Radical Rags: Fashions of the Sixties.*
Abbeville Pr. 1990.

3. デヴィッド・ボウイ
『世界を売った男』(1970)の
オリジナル・ジャケット。

を被り、バギー・パンツのボウイと細身のパン
ツにブーツのアンジーが、生まれたばかりの息
子ゾウイを乳母車に乗せて連れ立って歩くさま
は、男女の性別を入れ替えて楽しんでいるよう
に見える。街でふたりに遭遇したら、人々は仰
天したことだろう。そんな反応をボウイとアン
ジーはほくそ笑んだにちがいない。彼らにはそ
んな共犯者じみたところがある。

ストーンズの「悪魔を憐む歌」のレコーディ
ング風景を収めたジャン＝リュック・ゴダール
の映画『ワン・プラス・ワン』(1968)でも、ミッ
クは〈Mr Fish〉のカミソリ柄のシャツを着た。こ
れをマリアンヌ・フェイスフルが拝借したと思
われる写真も残されている。マリアンヌとミッ
ク。アニタとキース。ストーンズの女たちも、
彼らの性別の曖昧さに一役買っていたのである。

Mr Freedom

ミスター・フリーダム

星モチーフや横縞ハイソックス
原色弾けるワンダーランド

現代を歌う吟遊詩人として人気上昇中のエルトン・ジョンが、1971年10月に待望の来日を果たした。ラジオでは最初のヒット曲「僕の歌は君の歌」が流れ、その瑞々しい感性から、音楽雑誌のポートレイトに"現代の悩める繊細な若者像"を思い浮かべた。が、しかしである。コンサートに現れた彼の姿は、そのようなイメージとほど遠いものだった。小太りの体にライム・グリーンのピタピタのタンクトップ、白のバミューダ風パンツにブルーと白のボーダー柄のハイソックス。極めつけは、まるでギリシャ神話のマーキュリーのような翼の生えたアンクル・ブーツ。しかもリトル・リチャードのように脚でピアノの鍵盤を叩き、宙に舞うのだから。あるラジオのDJは「ヘンな派手な服着てるし、

太ってるし、イメージが壊れてがっかりした」などと言う始末。この時、エルトンが履いていたアンクル・ブーツが〈Mr Freedom〉のものだ。T.レックス(1972年11月来日)、デヴィッド・ボウイ(1973年4月来日)よりも早くグラム・ファッションを日本に持ち込んだのは、実はエルトン・ジョンなのである。

〈Mr Freedom〉は1969年にトミー・ロバーツとトレヴァー・マイルズがキングズ・ロード430番地にオープンしたブティック。以前は〈Hung On You〉というピーコック革命をリードしたメンズファッションを売るショップだった。〈Mr Freedom〉という名はウィリアム・クライン監督の映画『ミスター・フリーダム』(1968)から拝借した。ふたりが最初に手がけたのは星

1

2

1. このベルベットのトップと
パンツを1971年にオリヴィア・
ニュートン=ジョンも着た。

©Clive Arrowsmith. *British Vogue*.
The Condé Nast Publications. 1971. 1

2. 『Nova』1970年5月号から。
マーク・ボランや
ロキシー・ミュージックもお気に入り。

©Peter Knapp, Dominic Lutyens,
Kristy Hislop. *70s Style & Design*.
Thames & Hudson. 2009

座を胸にプリントした長袖のTシャツ。まだ〈Mr
Freedom〉がオープンする前だったので、彼ら
はチェルシー・アンティーク・マーケットに卸
したのだが、これに目をつけたのがミック・ジャ
ガーだ。1969年のローリング・ストーンズの全
米ツアーで彼の星座である獅子座のTシャツを
着た姿をドキュメンタリー映画『ギミー・シェ

ルター』(1970)で見ることができる。
　〈Mr Freedom〉はポップ・アートをファッショ
ンにした。ヒッピーよ、さようなら。アメリカナ
イズされ、派手な原色を使い、星、稲妻、ハー
ト、ロケットなどがモチーフとなり、ディズニー
のミッキー・マウスやミニーがプリントやアッ
プリケとなって、男女ともに着られるユニセッ

コミックのキャラクターが
アップリケされたTシャツ。
©Chris Holland. rave. IPC Magazines. 1969. 12

1970年、ブレイク前の
オリヴィア・ニュートン＝ジョン。
すべて〈Mr Freedom〉を着ている。
©rave. IPC Magazines Ltd. 1970. 9

クスなTシャツ、サテンのホットパンツ、プラッ
トフォームの靴などが売られた。この時代に
ディズニーのキャラクターの商品は、ディズニー
ランド内で売られていただけ。簡単にライセン
スの許可が下りたというのも驚きではないか。
店にはジューク・ボックスから懐かしの'50sの
ロックンロールがガンガン流れ、カラフルで楽
しさいっぱいのこのブティックはたちまち人気
となった。キングズ・ロードの店が手狭になり、
ロバーツはケンジントン・チャーチ・ストリート
に移転を決める。共同経営者のマイルズにはこ
の話は寝耳に水であった。結局、この案に反対
したマイルズはそのままキングズ・ロードにと
どまり、〈Paradise Garage〉というアメリカから
輸入したヴィンテージのジーンズやアロハ・シャ
ツなどを扱うブティックを新たにオープンした。
　ケンジントン・チャーチ・ストリートの店の
地下には〈Mr Feed'Em〉というレストランがあ

り、服は大人と同じようなデザインの子ども服
まであった。さらに、巨大な歯をかたどった椅
子をはじめとする家具など、ライフスタイル全
般にわたるポップな商品であふれていた。人
気が高まるにつれ、イギリス国内だけではな
く、アメリカ、ヨーロッパ、日本の雑誌にもた
びたび取り上げられ、多くの著名人が訪れる
ようになった。バーブラ・ストライサンドや歌
手のシェールなどは、ラックごと服を買い、リ
チャード・バートンとの二度目の結婚を前にし
たエリザベス・テイラーは、特別にバートンの
顔をプリントしたTシャツを2枚注文した。ミッ
ク・ジャガーは1971年3月にOAされたBBCの音
楽番組「トップ・オブ・ザ・ポップス」で〈Mr
Freedom〉のサテンのジョッキー・キャップと、
数字の3がプリントされたタンクトップをピンク
のサテンのスーツの下に着た。
　しかし、このブティックも短命に終わる。キッ

チュで珍奇なものは続かない運命にあるらしい。1972年春、このクレヨンのような原色がひしめき合う、大人のためのワンダーランドは閉店の憂き目を見る。

ロバーツは新天地を求めて、まだ野菜や果物の市場だったコヴェント・ガーデンの、以前はバナナの貯蔵所だった倉庫を改装し、〈City Lights Studio〉というブティックをオープンした。ここで売られたのは、〈Mr Freedom〉とはがらりと変わり、レトロでシックな服であった。常連客にはデヴィッド・ボウイと当時の妻アンジーがいて、1973年にボウイがリリースした全曲オールディーズをカヴァーしたアルバム『ピンナップス』の裏ジャケットで着たダブルのスーツがこちらのものだ。しかし、同年に起きた世界的なオイル・ショックのあおりを受け、この店も1974年には閉店した。

ロバーツは言った。「ブティックをやりたいんじゃない。サーカスをしたいんだ」。確かに小柄で太ったトミー・ロバーツが原色のチェックのスーツに身を包んだ姿は、ブティック経営者というより、サーカスの団長といった風情であった。彼のサーカスは終わった。しかし、その当時日本のファッション誌はもとより、ティーン誌のファッション・ページにまで星や数字をモチーフとしたTシャツやホットパンツ、赤と黄色といった原色の横縞のハイソックスが載った。これらは〈Mr Freedom〉の遺伝子を受け継いだものであった。実際、彼の服は多くのコピー品を生み、あのイヴ・サンローランにさえ影響を与えた。そして、日本でのそれらはコピーのそのまたコピーで、もとネタさえ知らずに身に着けていた少女や若者がたくさんいた。つまり、本物の流行とはこういうことなのだ。

1971年10月、初来日公演のエルトン。
翼のついたアンクルブーツでロックンロール！

© ミュージック・ライフ, 新興楽譜出版社 . 1971. 12

Nova

ノヴァ

新星の如く激しく輝いた
革新的な女性月刊誌

カルダン 1966 年のコレクション。
フォトグラファーは
ジャンルー・シーフ。

©Jeanloup Sieff. *Nova*.
George Newnes Ltd. 1966. 3

60年代は63年に始まる、という説を私は唱えたい。それまではなんとなく50年代の気分を引きずっていて、女性のファッションといえば、アメリカ大統領夫人のジャクリーン・ケネディのような逆毛を立てて頭頂部を大きく膨らませ、ヘアスプレーで固めたビーハイヴ・ヘアにピルボックス型のハットを被り、膝下丈のスーツが外出着であり、レディは手袋をし、ハンドバッグと靴はお揃いの色にすべしというのが、装いのルールであった。

その頃すでにマリー・クワントは「バッグと靴がお揃いでなければいけないなんて、私には理解できない」と言っていたのだから、彼女の

感覚がいかにモダーンであったかがわかる、いい例だろう。このようにマリー・クワントのミニスカートやヴィダル・サスーンによるヘアカットが、女性のファッションに自由をもたらし、ビートルズが音楽のシーンに衝撃を与えたのと時を同じくして、革新的な女性向け月刊誌『ノヴァ』は、1965年3月に創刊された。表紙には"A NEW KIND OF MAGAZINE FOR THE NEW KIND OF WOMAN(新しい女性のための新しい雑誌)"と誇らしげに書かれた。

『ノヴァ』は政治的にはラディカルでありながら、美しいエディトリアル・デザインで見せる知的な雑誌だ。Novaとは、突然現れる新星

のこと。激しく燃えたあと消える運命にある。その名のとおり『ノヴァ』誌も、1965年から1975年という短い間だけ輝きを放った星だが、60年代の最良の時とともに歩んだともいえる。

　それまでの女性誌は、料理、編み物、刺繡などドメスティックな記事が中心であり、多くの女性は家族を維持する役目を担うものとされてきた。それに対し、『ノヴァ』は当時タブー視されていた、政治、宗教、性、人種、同性愛、人工中絶、避妊ピル、離婚を真正面から取り上げ、スーザン・ソンタグ*は、5000字に及ぶ記事を書いた。女性の誰もがジャクリーンのように装いたいわけではなく、すでに1964年のパリでは

アンドレ・クレージュがコレクションでミニスカートを発表し、マリー・クワントのブティック〈BAZAAR〉ではスカート丈はどんどん短くなり、膝上15センチになっていた。

　『ノヴァ』は職業をもち、自分のために使える収入がある知的な大人の女性を読者に想定した。このユニークな雑誌のヴィジュアル面に大きく貢献したのが、アート・ディレクターのハリー・ペチノッティだ。1970年に平凡出版（現・マガジンハウス）から創刊された女性ファッション誌『an・an』でアート・ディレクターだった堀内誠一が果たした役割とペチノッティのそれはよく似ている。ほかの女性誌とはまったくち

がうペチノッティによるエディトリアル・デザインは、冒険心にあふれ、洗練されていた。堀内誠一時代の『an・an』はいまも人気が高く、彼が手がけた1970年から1972年までの号だけをコレクションしている多くのファンがいる。

判型は『ヴォーグ』誌よりひと回り大きく、ファッションページでは、その大判のサイズが存分に活かされた。たとえば、1966年3月号ではパリ・コレクションを取り上げているが、1ページまるごとモデルのウエストから上だけの写真を使い、顔は鼻のあたりで切れているというような大胆なレイアウトで、カルダンのクリエイ

このクールな世界が『ノヴァ』。
フォトグラファーはダフィ。

©Brian Duffy, Nova.
George Newnes Ltd. 1966. 9

サングラスはパコ・ラバンヌ。
フォトグラファーは
ハリー・ペチノッティ。

©Harri Peccinotti. Nova.
George Newnes Ltd. 1966. 1

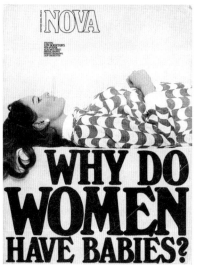

「なぜ女性は子どもを産むのか?」
1967年5月号の表紙。
静かで力強いデザイン。

©Nova. George Newnes Ltd. 1967. 5

ションの魅力を見事に引き出している。この写真を撮ったのは、ジャンルー・シーフ。モデルは彼がニューヨークで見出した、アフリカ系アメリカ人のケリー・ウィルスン。このように非白人のモデルも『ノヴァ』は積極的に起用した。ちょうど英国版『ヴォーグ』で最初のアフリカ系アメリカ人であるドニエール・ルーナを表紙のモデルにしたのも同じ1966年3月のことだ。このコレクションの特集を担当したファッション・エディターは、モリー・パーキン。もとは画家であり、初期の〈Biba〉のために帽子のデザインをし、チェルシーにブティックをもっていたという経歴もあってか、既存の枠にとらわれないセンスで、ほかの女性誌とは一線を画す誌面を作り出した。さらに、テレンス・ドノヴァン、ブライアン・ダフィ、ヘルムート・ニュートン、サラ・ムーンといった新進気鋭のフォト

グラファーが活躍し、彼らもまた『ノヴァ』のヴィジュアルを高いレベルにまで引き上げたのだ。

その名のとおり、突然現れて輝いた新星が1975年に消える運命にあったのは、なんとも皮肉な話だ。1973年のオイル・ショック。第四次中東戦争で原油価格は約2倍にも跳ね上がり、英国内では炭鉱ストが起きる。なんとか1973年は持ちこたえたものの『ノヴァ』にひたひたと終わりの影が忍び寄る。60年代とは1973年に終わるのだ。とうとう1975年には、紙の価格上昇につれて判型が小さくなり、最後にはパンフレットより小型になってしまった。廃刊は1975年3月。11年に及ぶ『ノヴァ』の幕は下りた。60年代が終わった。 真の意味で。

—

＊スーザン・ソンタグ：アメリカの作家、社会運動家。リベラル派の知識人として知られる。

Jane Ormsby-Gore
Alice Ormsby-Gore

家柄にもセンスにも恵まれた
悲劇の貴族出身ヒッピー

美しく呪われし者たち。オームズビー＝ゴア家の人々には死の影がつきまとう。第5代ハーレック男爵のデイヴィッド・オームズビー＝ゴアはジョン・F・ケネディ大統領就任期に在米英国大使を務めた。妻シルヴィアとの間には子どもが5人いて、上からジュリアン、ジェーン、ヴィクトリア、アリス、フランシス。ケネディ家と親しい彼らはアメリカのメディアの恰好の的となり、ケネディ家の子どもたちと遊ぶ様子や、クリスマス・ツリーの前に集う一家は、理想のファミリーとしてたびたびグラビアを飾った。そして1963年、ジョン・F・ケネディ暗殺後に未亡人となったジャクリーンと1967年に妻を交通事故で亡くしたデイヴィッドの間にロマンスが噂された。1968年にジョン・F・ケネディ

の弟ロバート・ケネディが暗殺された時には葬儀で棺を運ぶデイヴィッドの姿があった。

1965年に大使の任期を終えるとオームズビー＝ゴア家はイギリスに戻り、ちょうど年頃を迎えた子どもたちはスウィンギング・ロンドンの寵児となる。ジュリアンとヴィクトリアは、マーク・パーマーが立ち上げたモデル・エージェンシー〈English Boy〉に籍を置いた。ジェーンはというと、イートン校をドロップアウトした、いわば貴族階級の変わり種ともいえるクリストファー・ギブズが経営するアンティーク・ショップでアシスタントとして働いた。彼女が並外れたファッションセンスのもち主であることから、1966年1月号の『ヴォーグ』は"Fashion Original"というタイトルで、4ページの特集を

1. ヴィンテージを着こなすジェーン。
ブティック〈Hung On You〉の
マイケル・レイニーと結婚。

©Traeger. *British Vogue.*
The Condé Nast Publications. 1966. 1

2.17 世紀に建てられた屋敷で。
左からアリス、父デイヴィッド、
フランシス、ヴィクトリア。

©Norman Parkinson. *British Vogue.*
The Condé Nast Publications. 1969. 7

組んだ。ストライプのジャケットは20世紀初頭を代表するフランスのファッション・デザイナーのポール・ポワレのもの。これはポートベローのフリー・マーケットで見つけた。エドワード朝時代の自動車用の帽子は曾祖母から。手縫いの絹のシャツはパリの蚤の市で、ベルトは18世紀のミリタリーもの、というように彼女のスタイルは時代を超え、変幻自在であった。この号のほかのページに目をやると、サスーン・カットのジオメトリーなボブにマリー・クワントのモッ

ドな服が最新のモードとして紹介されている。ジェーンは60年代に最も早く古着をヴィンテージとしてファッションに取り入れたひとりだ。彼女は『ヴォーグ』の"Shop Hound"というコラムを担当し、ブティック〈Hung On You〉のオーナーのマイケル・レイニーと結婚。この店の常連には、ビートルズ、ローリング・ストーンズ、俳優のテレンス・スタンプがいた。

当時ロンドンにはクリストファー・ギブズやオームズビー＝ゴア家の子どもたちのような貴族階級のヒッピーが現れ、ボヘミアンなライフスタイルを好み、画商、アンティーク・ディーラー、ブティックの経営者など持ち前の趣味のよさを活かせる職業につき、それを通して労働者階級や中流階級出身のロックスターたちと親しくなり、新しいヒップなサークルが形作られた。

1968年、ジェーンの妹のアリスはパーティでクリームのギタリスト、エリック・クラプトンと出会った。ふたりは恋に落ち、翌年にはエリックが買ったばかりのイタリア風のヴィラ、ハートウッド・エッジで暮らし始める。この時、エリックは24歳でアリスは16歳。豊かに波打つ栗色の髪とメランコリックな大きな瞳をもつアリスの、壊れもののような繊細な美しさばかりではなく、ヴィンテージや異国情緒にあふれたアラブ風の服を纏う彼女のファッションにもエリックは心を奪われた。その姿は気高く儚げで、まるでお伽噺から抜け出したかのようだった。しかし、エリックはアリスがいながら、親友ジョージ・ハリスンの妻のパティに恋い焦がれていた。取り憑かれていたといっていい。彼女に少しでも近づきたい彼は、代わりにパティの妹のポーラとも関係をもった。その叶わぬ想いはヘロインへの耽溺となる。エリックだけではなく、一緒に暮らすアリスもヘロインを常用するようになり、エリックのヘロインを求めてアリスは街を奔走した。こうして手に入れたヘロインのほ

とんどを彼に渡し、足りない分はウォッカのボトルを1日2本あけることで自分を紛らわせた。もはやエリックはアリスへの愛情は失っていた。1974年、5年間をともにしたこのカップルは破局。のちに彼女は回想する。「エリックも、私が彼を愛しているのと同じように愛してくれているものだと思っていたけれど、実際はそうではなかったわ。ふたりの関係を冷静に判断するには私は若過ぎたのね」

この年に兄のジュリアンが彼のフラットで、頭を拳銃で撃ち抜いて自殺した。発見したのはアリスだった。エリックと兄を相次いで失い、悲しみにくれたアリスはパリに渡り、6区のセーヌ川に浮かぶボートでひっそりと暮らした。

そして、1985年。父のデイヴィッドが交通事故で亡くなった。イギリスに帰ったアリスはザ・フーのピート・タウンゼントの勧めで、ドラッグとアルコール依存から立ち直るためにリハビリ施設に入った。しかし、ここでのグループ・セラピーで自らの体験を語ることはアリスにとっては大変につらいものであった。なぜならばエリックとの過去を人前で話さなければならない。ピートはエリックのことを話さなければ、完全にドラッグやアルコールから手を切ったクリーンな体になることはできないと忠告したが、彼女は頑なに拒否した。

1995年4月5日、アリスはボーンマス郊外のひと間だけの小さな部屋で、致死量の6倍ものヘロインを摂取し、亡くなっているのを発見された。死後数日が経った彼女の片腕にはベルトが巻かれ、もう一方の手は注射器を持っていた。アリスは困窮し生活保護を受け、ディアドリー・スティーヴンスンという名前で暮らしていた。近所の人は誰も彼女の過去を知るものはいなかった。彼女はただ"ディー"という愛称で呼ばれた心優しき隣人であった。

The Honourable Jane and Victoria Ormsby-Gore

Everybody
in London knows
the Ormsby-Gores.
They do not necessarily
return the compliment.
They are pale, with long
dark hair, and their eyes
have the black, unreflecting
lustre of camera lenses.
This, together with the striking
clothes which they wear as if they just
found them conveniently around,
makes them the essence of British Cool,
so that they have assumed the same place
with regard to the hip aristocracy
as Perle Mesta enjoyed in Washington
or the Cabots and Lodges
among the Boston brahmins
(not a comparison which
will necessarily please all parties).
Their father was British Ambassador
and Kennedy's intimate
as David Ormsby-Gore, and now,
as Lord Harlech, is film-censor.
It is his job to prune all films
of materials damaging
to healthy British youth.

英国のクールの粋。
ジェーンとヴィクトリアの
オームズビー＝ゴア姉妹。
貴族のヒップな娘たち。

©John D. Green. *Birds of Britain*.
Bodley Head. 1967

〈Bill Gibb〉のスエードの
パッチワークのジャケットと
マキシ・スカートを着たアリス。

©Tessa Traeger. *British Vogue*. The Condé Nast
Publications. 1970. 1

Thea Porter

王族もハリウッド女優も愛した
ボヘミアン・シックなドレス

銀色のベルベットに
アメジスト色のブラウス。
フォトグラファーは、ギイ・ブルダン。
©Guy Bourdin. *British Vogue*.
The Condé Nast Publications. 1969. 10/1

　　出会いは、一風変わったものだったかもしれない。それは高校生の頃。外国語科に進んだため、当時は珍しかった帰国子女もいて、彼や彼女たちは入学したばかりだというのに、すでに流暢な英語を話した。英語が好きな者はロック・ミュージックのファンでもあることが多い。そんなクラスメイトと音楽の話をしたり、レコードや洋楽雑誌の貸し借りをしたり。地元の中学の鬱屈とした日々から、やっと息ができる環境に身を置けたことに感謝した。そのなかでもひときわ早熟で、小学生の頃からビートルズを聴き「ホワイト・アルバムがイエロー・アルバムになっちゃったよ(つまりそれほど年季が入ったものになったという意味)」などと言っていた親友のサヤは、私にたくさんのことを教え

てくれた。彼女はとても耳がよく、英語の歌詞を聞き取り、それをそのままの発音で歌うことができた。ジョニ・ミッチェルの新作アルバム『コート・アンド・スパーク』(1974)の最後の曲「トゥイステッド」という早口言葉みたいな歌でさえ、ジョニそっくりに。

　彼女は一時期、私のメンターであった。すごい本があると私に教えてくれたのが、1969年に出版された『グルーピー』だ。これはジェニー・フェビアンという実際にグルーピーだった女性が著者。当事者でなくては書けないロンドンのアンダーグラウンドの音楽シーンが生き生きと描写されている。名前は変えられているが、UFOクラブに出演していたシド・バレット在籍時のピンク・フロイドも登場する。主人公

ブラウスはインドの海の色。
スカートはアフガニスタンの湖の色。
モデルはペネロピ・トゥリー。

は19歳のケイティというグルーピー。彼女のお気に入りのブティックが、ソーホーにある〈Thea Porter〉だった。さぞかしヒップでゴキゲンな店にちがいない。私は想像をめぐらせた。

シア・ポーターは、イギリス人の宣教師である父とフランス人の母のもとにエルサレムで生まれ、シリアのダマスカスで育った。その地のリセ・フランセ*に通ったのち、ロンドン大学ロイヤル・ホロウェイ・カレッジに入ったが、退学。イラクのベイルートの大使館に職を得て、夫となるロバート・ポーターに出会う。イラン、ヨルダンと夫の赴任に付いて中東の国々に移り住み、休暇はフランスやイタリアへ旅をした。服をたくさん買い、毎晩クラブに通うことが楽しみという華やかな暮らしを送ったが、結婚は破綻。1964年、シアはまだ幼い一人娘のヴェニーシャを連れ、ロンドンに渡る。1966年、ソーホーのグリーク・ストリート8番地に、彼女のルーツである中近東から買い付けたインテリアの店をオープンした。やがて彼女はその生地を使った服を作って売ることを思いつく。ここ

で注目したいのはソーホーという立地だ。セックス・ショップが並ぶロンドンの歓楽街であり、通りには娼婦が立ち、中国語が大声で飛び交う賑やかなチャイナ・タウンもすぐそこ。おおよそお洒落なブティックにふさわしくない場所ではあったが、シアはチャイニーズ・レストランだった荒れ果てた空き店舗をひと目見て気に入った。ソーホーの猥雑さは彼女の店をまるで宝物が隠されたアラジンの魔法の洞窟のように見せる効果があったのだ。

ヨーロッパ製の生地だけではなく、中近東やインドのアンティークの服からとったものまで使い、デザインは中近東の女性が纏う、ゆったりと裾まで覆われたアバヤやカフタンと呼ばれる衣服がインスピレーションのもととなった。時代はちょうどヒッピー・カルチャーが花開き、彼女の服はその風潮にぴったりはまり、『ヴォーグ』誌にたびたび取り上げられた。マーガレット王女をはじめとする英国の王族や貴族、あるいはビアンカ・ジャガーといったロック・スターの妻、バーブラ・ストライサンド、フェイ・ダ

これが"ボヘミアン・シック"。
シルク・シフォンのブラウスに
ベルベットのチュニックと
パンツを合わせて。

©Clive Arrowsmith. *British Vogue.*
The Condé Nast Publications. 1970. 12

蝶の柄のシフォンの上下。
色違いでグリーンのミニドレスを
パティ・ボイドも着た。

©David Bailey. *British Vogue.*
The Condé Nast Publications. 1970. 6

ナウェイといったハリウッドの女優たちの心を
捉えた。高価な生地を贅沢に使ったシアのドレ
スは〈Biba〉の服が数ポンドで買えたのに比べ、
10倍から100倍の値段だった。その結果、顧客
リストには社交界の著名人やハリウッドの俳優
の妻や女優が並んだ。なかでもエリザベス・テ
イラーはシアのドレスが大のお気に入りで、"ト
ランク・ショウ"と呼ばれる展示会がニューヨー
クのホテルで催されるたびに、たくさんのカフ
タン風ドレスをオーダーした。シアは不用意に
も彼女を「太っている」とコメントしたことが
あるが、70年代半ばのリズはたしかにかなり
贅肉がついた体型である。リズにとって服とい
うものは、あくまでも自分の美しい顔を引き立
てる付随物にすぎず、あとは豊満なバストをア
ピールでき、着心地がコンフォタブルであれば

よかったのではないだろうか。映画『サンセッ
ト大通り』(1950)でサイレント映画時代の忘れ
られたスターであるノーマ・デズモンドが放っ
た一言「セリフなんていらないわ。私たちには
顔があったのよ」のように。

スクリーンの上では、エリザベス・テイラー
が『ある愛のすべて』(1972)で、バーブラ・ス
トライサンドが『スター誕生』(1976)で、それ
ぞれシアがデザインしたドレスを着た姿を見る
ことができる。

初期にはメンズも手がけ、ピンク・フロイド
のデビュー・アルバム『夜明けの口笛吹き』
(1967)のジャケット写真でメンバーのロジャー・
ウォーターズとリチャード・ライトが着たのは
彼女の服だ。

同時期に活躍し、1973年にシア、オシー・ク

ラーク、マリー・クワント、ビル・ギブ、ジョン・ベイツらとともに英国のファッションを海外に宣伝する一団に選ばれたデザイナーのザンドラ・ローズによると、最後に彼女の名を聞いたのは1986年だという。シア・ポーターは長い間忘れられたデザイナーであった。2015年、ザンドラ・ローズが設立したファッション＆テキスタイル・ミュージアムで回顧展が催され、再び脚光を浴びるまでは。折しも'60sや'70sからの影響を色濃く受けたファッションが最新コレクションのランウェイを飾り、ケイト・モス、ニコール・リッチーら現代のセレブリティがヴィンテージのシア・ポーターを着た姿がメディアに取り上げられた。彼女たちのスナップ写真によって、この忘れかけられていたデザイナーの作品の魅力が若い世代に再発見されたのであ

る。特にヴィンテージ・マニアとして知られるケイト・モスはシアの代表的作品である"ジプシー・ドレス"を少なくとも2着は持っている。ひとつは薄いブルー、もうひとつは赤を基調としたもの。この赤い小花柄と黒の小花柄が継ぎ合わされ、不規則なヘムラインにゴールドのテープがトリミングされたドレスと同じものを、私の店〈Anouchka〉ではウインドーのマネキンに着せていた。

　シア・ポーターは2000年にこの世を去ったが、"ボヘミアン・シック"の先駆者として彼女が残した作品は、いま2度目のスポットライトをほしいがままにしている。

—

＊リセ・フランセ：フランス語によるインターナショナルスクールのこと。

1

1. メンズウエアも手がけた。
シド・バレットが在籍した
サイケデリック時代のピンク・フロイド。

©Vic Sigh, Laura McLaws Helms,
Venetia Porter. *Thea Porter: Bohemian Chic*.
Victoria & Albert Museum. 2015

2. シア・ポーター本人。
ソーホーにあるブティックのアトリエで。
1970年春夏コレクションの写真が
壁に留められている。

©Laura McLaws Helms, Venetia Porter.
Thea Porter: Bohemian Chic. V & A Publishing. 2015

2

Mary Quant

女性が自由を楽しめる世界へ
ファッションの力で導いた

た まに「よくそんなこと覚えているね」と
不思議がられるが、私の頭の回路はどう
やら物事の本筋から外れた枝葉の、そのまた先
の「どうでもいいこと」に強く反応するようだ。

　神は細部に宿る。〈Mary Quant〉についてもそ
うだ。イギリスのTVドラマシリーズ「プリズナー
No.6」(1967-1968)で、白いPVC素材のパンツ
スーツを着たボンド・ガールのような女性が、
デイジー・マークがついたコンパクトを開けて
化粧直しをするシーンを覚えていた。改めて見
返してみると、第13話「おとぎ話」にそれはあっ
た。しかもほんの2、3秒ほど。白いプラスティッ

クの上面に黒いデイジーが描かれたケースは、
〈Mary Quant〉の製品であるとひと目でわかる。
コンパクトにしては大きめのサイズなので、そ
れは"クワント・ペイント・ボックス"という名前
でアイシャドウ、チーク、マスカラ、アイライナー
がセットになったものだったのかもしれない。

　「プリズナーNo.6」は架空の"村"を舞台とし
た、スパイものともSFともつかない不条理なド
ラマで日本でもNHKが1969年に放映し、その
後何度か衛星チャンネルなどで再放送されてい
るので、英国好きなら知っているはずだ。

　というわけで、ここでは誰がどのように〈Mary

Quant〉を着たか、から始めよう。

　真っ先に思い浮かぶのは、1966年1月21日に
パティ・ボイドとジョージ・ハリスンがエプソ
ン登記所で結婚した時の装いだ。パティが選ん
だのはピンクがかった赤の玉虫織のシルクの、

膝が少し出るくらいの丈のドレスに、クリーム
色のストッキングに先の尖った赤い靴。寒い日
だったので、レッド・フォックスのコートを羽
織った。このコートも〈Mary Quant〉が特別にデ
ザインしたもので、ジョージからのプレゼント。

1.1966年1月、ジョージとパティは結婚。
ふたりともマリー・クワントの
ファーのコート。

©Marilyn Stafford, Pattie Boyd. *Pattie Boyd: My Life in Pictures*. Reel Art Press. 2022

2. すべてマリー・クワントのブランド
〈Ginger Group〉。
若く快活。撮影はダフィ。

©Brian Duffy. *British Vogue*.
The Condé Nast Publications. 1966. 2

登記所から出てきたジョージも〈Mary Quant〉であつらえた黒のモンゴリアン・ラムのコートを着ていた。この3年後の1969年1月30日にビートルズの最後のライヴ・パフォーマンスとなった、アップル社の屋上でゲリラ的に行われた「ルーフトップ・コンサート」でも同じコートを着ている。1966年から1969年。たった3年のあいだにジョージもビートルズもなんと様変わりしたことか。ジョージのファーのコートが同じものに見えないほどに。マッシュルーム・ヘアにお揃いのスーツを着た世界中の人気者から、4人それぞれの個性をもつ青年に変貌した。かつては富の象徴であり、リッチなご婦人を飾るアイテムであったファーが、1969年には長髪でひげをはやした若い男性が着ているのである。ジョンもこの時、ファーのコートを着て演奏した。そんな彼らは、エスタブリッシュメント側の衣装、ひいては階級社会を気の利いた皮肉でファッショナブルに笑い飛ばしているかのようだ。

　さてマリー・クワントといえば、やはりミニスカートだ。ミニスカートを考案したのは彼女か、パリのアンドレ・クレージュか？　という議論については、当時チェルシー地区に集まるチェルシー族と呼ばれた女性たちから自然発生的に生まれたものであり、チェルシーにあったマリーのブティック〈BAZAAR〉の客が短いスカートを好み、その要望に応えているうちにどんどんスカート丈が上がり、結果ミニスカートになった。つまり〈BAZAAR〉の客のおかげだというのがマリーの見解だ。そして、ヴィダル・サスーンがカットしたボブ・ヘアとミニスカートは彼女のトレードマークとなった。また、彼女自身も脚が綺麗でミニがよく似合った。

　それでもパティ・ボイドのような流行の最先端にいた女性でさえ、1966年は膝が見える程度の丈。ツイッギーが"フェイス・オヴ・66"と呼ばれ、ファッション誌ばかりではなくあらゆ

るメディアの顔となった年だ。この頃から毎年、スカートの丈が今年は膝上何センチになるかが世間の関心事となった。いまとなっては信じられないかもしれないが、本当のことだ。翌1967年にはヒッピー・ムーヴメントが最高潮となり、スカートのヘムライン*はどんどん上がり、パティが夫のジョージとともにフラワー・パワーの本場のサンフランシスコを訪れた時に着た、ザ・フールが特別にデザインしたミニのドレスは膝上30センチほどあろうマイクロ・ミニ。ここまでスカートが短くなってくると厄介な問題が出てくる。それは、ガーターベルト。当時女性の多くは太腿までのストッキングをガーターで吊っていた。スカート丈が短くなると、ガーターベルトが見えてしまう。そこで、それまでは防寒用だったタイツが、ミニスカートのために薄手のものもつくられるようになった。〈Mary Quant〉もいち早くミニに映えるカラフルなストッキングやタイツを売り出した。

　ここで女性の靴下の名称を確認したいと思う。イギリスではストッキングとは、太腿までの丈のものをいい、タイツはウエストまであるものを指す。余談であるが、映画『あの胸にもういちど』(1968)でマリアンヌ・フェイスフルがアラン・ドロンから結婚プレゼントに贈られたオートバイにまたがった時、ミニスカートから、フィッシュ・ネットのストッキングを吊るガーターベルトが覗いたのをもちろん私は見逃していない。ミック・ジャガーというロック・スターのガールフレンドという世界で最もヒップな女性であるはずのマリアンヌも、まだストッキングを穿いていたのだ！

　マリー・クワントは"ルック"という考えをとても大事にした。スカートの丈が短くなればなるほどレッグ・ファッションも重要になり、さまざまな色のバリエーションやレース模様、ラメなど、この時代のファッション誌には必ずといっ

1. アンダーウエアもマリーの手にかかれば、楽しさがいっぱい。
ロゴのデイジーの花びらが6枚。
©*British Vogue*. The Condé Nast Publications. 1965.10/15

2.1973年に発売された
"マリー・クワント・クレヨン"。
メイクも絵を描くように自由に。
©Jenny Lister. *Mary Quant*.
Victoria & Albert Museum. 2019

3. レインウエアのアリゲーター社とコラボしたPVC素材のコートの広告。
中央はツイッギー。
©*British Vogue*. The Condé Nast Publications. 1966. 8

1

2

3

ていいほど〈Mary Quant〉のレッグウェアがクレジットされている。また、彼女がつくる若さと楽しさにあふれた服には、それにふさわしいシンプルで体を締めつけないアンダーウェアが考案され、それにもデイジーのマークがあしらわれた。初期のロゴは花びらが6枚のものも見られる。おなじみの黒の5枚の花びらのデイジーになったのは、コスメティックを発売した1966年だ。登録商標として申請するためにこのロゴに決まったのだが、もとはといえばマリーがデザイン画を描いている時のページの片隅のいたずら描きから生まれた。

メイクも"ルック"に欠かすことはできない。白いプラスティックのケースに黒のデイジー・マークが付いたコンパクト、シルバー・カラーのスティック状の容器にデイジーのロゴが入った口紅、そして画期的な"クレヨン"。これは黄色い缶のボックスに10本のクレヨンの形をしたものが入っていて、アイシャドウ、チーク、リップと好きなように使える見た目もチャーミングな商品だった。大学時代に群を抜いてお洒落なクラスメイトが、教室でこの空色のクレヨンでアイシャドウを描いていた姿を私は憧れとともに見つめていたものだ。

ところで〈Mary Quant〉と日本には深い関係がある。1971年にはコスメティックが販売され、デパートや三愛など大手ファッション専門店で取り扱われた。それまでの口紅の色といえば、赤、ピンク、オレンジが主流だったが、〈Mary Quant〉の口紅は、そんな既製概念にもとらわれなかった。『anan ELLE JAPON』1976年10月20日号に掲載された広告を見てみよう。キャッチフレーズは「朽ちた野いちご。スモッグの空。軍服。鉄の錆。メイクの色にタブーはない。マリー・クヮント」とあり、それぞれ"グレープクラッシュ(イソップ物語『つぶれたぶどう』)""ゴールドディガー(野心の金色)"とウイットに富んだ名

前が付けられている。また、ネイルは当時としては大胆な色であるグリーンの"イヴィル・エメラルド(悪魔のエメラルド)""ピューター(限りなく黒に近い灰色)"といったエッジの効いたラインナップだ。

ココ・シャネルにマリー・クヮントが嫌われていたことはよく知られる話だが、マドモアゼル・シャネルのお怒りもわからなくはない。彼女は女性の膝は美しくない、見せるべきものではないと考え、いくらミニが流行っても彼女が発表するコレクションのヘムラインは膝より下を守った。1967年に彼女はこう言った。「『モード』は街へ下りてゆくものです。街から上がって来るものではありません」。一方マリーは「私たちは公爵夫人のように見られたいわけでもないし、ましてや2年遅れの公爵夫人のようなファッションなんて着たくないわ。私は若い人のための服をデザインしたい」と発言している。これらはまさにコインの裏と表ではないか。

かつてファッションは一部の富裕層やアッパー・クラスのもので、パリのメゾンが流行をつくった。60年代はファッションがすべての人に平等に分け与えられる時代の夜明けだった。ミニスカートによって女性が自由を楽しむことをファッションで表現し、クラブでひと晩中踊り明かすこと、街を颯爽と歩くこと、自分で車を運転すること……、そんな新しい世界への扉をこじ開けてくれたのが、デザイナーであり起業家でもあるマリー・クヮントだったのだ。若さとオプティミズム。もしもマリー・クヮントがいなかったら? それは、もしビートルズがいなかったらという仮定に等しい。私たちはいま、まるで違う風景の世界にいたに違いない。

―

*ヘムライン:裾の端、またはそのラインの形状のこと。

1. ベレー、コート、〈Quant Afoot〉のブーツ。
すべてマリー・クワント。
モデルはツイッギー。

©Just Jaeckin. *British Vogue.*
The Condé Nast Publications. 1967. 9/1

2.1966 年 OBE を受勲したマリー。
左は夫アレクサンダー・プランケット・グリーン。

©Jenny Lister. *Mary Quant.*
Victoria & Albert Museum. 2019

Zandra Rhodes

ザンドラ・ローズ

大英帝国勲章を授与された
ピンクヘアの重鎮

　それは1974年のこと。パディントン駅の裏のザンドラ・ローズの小さなアトリエに人気上昇中のバンド、クイーンのメンバーから電話がかかってきた。電話の主がフレディ・マーキュリーだったのか、ブライアン・メイだったのか、いまだにザンドラはわからないらしい。「クイーンって誰？」とアトリエの若い従業員に訊くと、ラジオのヒット・チャートを賑わせているナンバーが、彼らの曲だと教えてくれた。

　ある晩、グラグラする危なっかしい階段を上り、屋根裏のアトリエにフレディとブライアンがステージで着る衣装を探しに訪ねてきた。ラックに掛かるたくさんの服からフレディが選んだのは、結婚式の花嫁のためにデザインしたアコーディオン・プリーツがふんだんに使われ

た白のトップだった。ステージでアクションする時と同じように大きく両腕を上げると、まるで広げた鳥の翼のよう。ステージに映えること間違いなしだ。ブライアンのためにもプリーツのジャケットをデザインした。ミック・ロックが撮った、この衣装を着たフレディの写真に、後年クイーンのファンからザンドラはサインを求められることがしばしばあり、「とても光栄に思う」と語っている。クイーンのほかにも、T.レックスのマーク・ボランもザンドラの作品を着た。ほかにロッド・スチュワートも。このふたりのこともザンドラは知らなかった。

　「ごめんなさい。その人たち誰なの？」

　ザンドラの衣装を着たクイーンはまるで少女漫画の王子様だ。実際、日本の少女漫画に彼ら

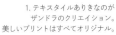

1. テキスタイルありきなのが
ザンドラのクリエイション。
美しいプリントはすべてオリジナル。

©David Bailey. *British Vogue.*
The Condé Nast Publications. 1969. 12

2.1970 年春夏コレクション
"The Ukraine and 'Chevron Shawl'"
からの 1 着。

©David Bailey. *British Vogue.*
The Condé Nast Publications. 1970. 6

3. アメリカ版『ヴォーグ』
1970 年 1 月号に掲載された
ザンドラを着る女優ナタリー・ウッド。

©Gianni Penati, Dennis Nothdruft.
Zandra Rhodes. Zandra Rhodes:
50 Fabulous Years in Fashion.
Yale University Press. 2019

をモデルとしたキャラクターがしばしば登場す
る。70年代は少女漫画とロックとの蜜月期だ。
水野英子の『ファイヤー！』(1969-1971)の主
人公アロンのモデルはスコット・ウォーカー、
大島弓子の『いちご物語』(1975)の日向温、
『ヒー・ヒズ・ヒム』(1978)のピーター・ピンク
コートはデヴィッド・ボウイ、一条ゆかりの『デ
ザイナー』(1974)の執事の柾は、T.レックスの
ミッキー・フィン（作画はアシスタントの大矢ち
き）と、このようにブリティッシュ・ロックが少
女マンガに与えた影響は大きい。
　ザンドラ・ローズは1940年生まれ。父はト
ラックの運転手、母は結婚前はパリ初のオート

クチュールのメゾンである〈Worth〉で仮縫いの
仕事をし、結婚後はメドウェイ・カレッジでド
レス・メイキングを教えていた。ザンドラは母
から、常日頃よく働き、自分の力を信じれば、
なんにでもなれるという言葉をかけられ育った。
彼女もメドウェイ・カレッジに学び、奨学金を
得てロンドンのロイヤル・カレッジ・オヴ・アー
ト(RCA)に進んでテキスタイル・デザインを専
攻し、1965年に卒業。しかし、アンディ・ウォー
ホルやリキテンシュタインのポップ・アート、
イタリアのデザイナーのエミリオ・プッチに影
響を受けた彼女のデザインは大胆すぎて、買い
手がつかなかった。ちょうどその頃、カーナビー・

1. シルク・シフォンのトップ。
ハンカチーフ・ヘムの先端には
ピンクの羽根が付いている。

©Henry Clarke. *British Vogue.*
The Condé Nast Publications. 1970. 4/1

2.1974年、『クイーンII』のツアーで
フレディ・マーキュリーが着た
プリーツのトップ。

©Mick Rock, Dennis Nothdruft,
Zandra Rhodes. *Zandra Rhodes:
50 Fabulous Years in Fashion.*
Yale University Press. 2019

ストリートにブティックをオープンしたRCAの同窓生である〈Foale and Tuffin〉だけが彼女のテキスタイルを気に入り、服をつくった。

1967年に女優のヴァネッサ・レッドグレイヴのバックアップを得て、RCAの友人のシルヴィア・レイトンとともに〈The Fulham Road Clothes Shop〉というブティックをオープンする。テキスタイルはザンドラ、デザインはシルヴィアが担当した。この店のためにザンドラが最初にデザインしたテキスタイルには、そのお礼として「We love you, Vanessa（ヴァネッサ、愛してるわ）」の文字が描かれた。

しかし、この店は翌年クローズ。シルヴィアはザンドラのテキスタイルがお気に召さなかったらしい。ザンドラはこの決裂から学ぶ。それなら私が服をつくってしまえばいい。やがて彼女のドレスは『ヴォーグ』の目にとまり、人気フォトグラファーのデイヴィッド・ベイリーが絹のシフォンでできた薄羽のようなドレスを撮った。このフォト・セッションに起用されたモデルがウクライナ系アメリカ人で、いろいろな国を放浪し、キングズ・ロードをダンスしながら歩くといった典型的ヒッピーだった。ドレスを見て「これはアメリカに持っていけば絶対受けるわよ！」と言い、その言葉に後押しされた彼女は、ドレスをトランクいっぱいに詰め込んでアメリカへ飛び立った。あてがあったのは『ヴォーグ』と『ウィメンズ・ウェア・デイリー』のふたつだけ。当時アメリカ版『ヴォーグ』の編集長といえばあの伝説的なダイアナ・ヴリーランド。彼女にドレスを見せると、すぐに叫んだ。「この素敵なドレスをいますぐナタリー・ウッドに着せて写真を撮るのよ！」

この写真のおかげでザンドラは一躍アメリカで名が知られ、ハイエンドなブランドを扱うことで知られるデパート、ヘンリ・ベンデルで売られるようになった。

彼女のドレスはすべて自身がデザインし、シルクスクリーンでプリントしたテキスタイルが使われ高価ではあったが、著名人の顧客を獲得していった。そのリストには、英国王室のアン王女、ダイアナ妃をはじめ、ビアンカ・ジャガー、エリザベス・テイラーなどの名が並ぶ。ダイアナ妃が1986年に来日した時、京都での晩餐会に着たピンクのビーズ刺繍がほどこされたドレスもザンドラの作品である。日本とザンドラとの縁は少なからずある。1971年に西武池袋店で彼女のファッション・ショウが催された。出演したモデルに、まだ無名だった山口小夜子がいる。オーディションでザンドラが気に入ったことから選ばれた。これをきっかけに彼女は高田賢三、山本寛斎、そしてパリ・コレクションに出演する一流モデルとして羽ばたく。

90年代に入るとザンドラは、自分は忘れ去られたと感じたが、2000年代にジョン・ガリアーノがザンドラの作品に通じるロマンティックなコレクションを発表したことが、再びザンドラが評価される契機となる。さらに2003年には自分の作品を残すことと、イギリスのファッションの価値をもっと多くの人に知ってもらうためにファッション＆テキスタイル・ミュージアムという博物館まで設立してしまった。そして2014年にDBEを叙勲され、デイムとなる。彼女は言う。「私は仕事をオファーされたことがないの。いつも仕事を自分からつくってきたわ」

80歳を超えたいまも引退を考えたこともなく、ヴァレンチノ、イケア、ハッピー・ソックスとのコラボレーションを生み出している。ハイブランドであるか、マス向けのプロダクトであるかは重要ではないようだ。彼女の琴線に触れるかどうかだけ。デイム・ザンドラ・ローズに栄光あれ！

Jean Shrimpton

頭から爪の先まで完璧に美しい
世界初のスーパーモデル

ア　メリカ版『ヴォーグ』誌の編集長ダイア
ナ・ヴリーランドは、1965年に60年代
を"ユースクエイク(若さの躍動)"と名付けた。
遡ること3年、1962年には既に胎動は始まって
いた。その震源地であるロンドンから、イギリ
ス版『ヴォーグ』の特集ページ「ヤング・アイ
ディア」のニューヨーク・ロケのために、黒革
のジャケットにキューバン・ヒールのブーツを
履いた24歳のフォトグラファー、デイヴィッド・
ベイリーと、そのガールフレンドで19歳のモデ
ルのジーン・シュリンプトンが、マンハッタン
のヴリーランドのオフィスに現れた。雨のなか
タクシーをつかまえようと奮闘したふたりはず
ぶ濡れ。ジーンのメイクはにじんでいた。しか
し、そんな彼らの姿はとてつもなくリアルで、

ヴリーランドの目には、ストリートから生まれた
新しい美のかたちを体現したものとして映った。
そして、こう叫んだ。

「イギリスが、やって来た!」

ジーン・シュリンプトンは1942年、イングラ
ンド南東部バッキンガムシャーに生まれた。父
は建設業で成功し、200エーカーにもおよぶ広
大な農場を経営していた。修道院付属学校を卒
業し、ロンドンの秘書専門学校に通っていたあ
る日、街で見知らぬ男に声をかけられ、映画に
出ないかと誘われた。彼はアメリカ人で、監督
のサイ・エンドフィールドと名乗った。この話
はお流れとなり、がっかりしたジーンにサイは
モデルの道をすすめた。秘書になるよりもモデ
ルになるほうが面白そうだと考えた彼女はルー

『ヴォーグ』1965 年 6 月号の
ビューティ特集を飾る
ジーン・シュリンプトン。

シー・クレイトン・チャーム・アカデミーのモデル科に入る。その頃のモデルはいまとは違い、ヘアもメイクもすべて自分でしなければならなかった。ウォーキング、メイク、ポージングなどモデルに必要なことをひととおり学んだ17歳の彼女の運命を変えた出会いが起きる。

　1960年、ブライアン・ダフィがスタジオで彼女をモデルにケロッグのコーンフレークの広告の撮影をしていると、当時めきめきと頭角を現し、ダフィと同じく"恐るべき3人*"と呼ばれたフォトグラファーのひとり、デイヴィッド・ベイリーがひょいと顔を出した。一目でジーンを気に入り、「あの娘は誰だい?」と訊くと「だめだめ、お前にはポッシュ(上品)すぎるよ」とダフィ。ロンドンのイーストエンド生まれで生粋のコックニーのベイリーに中流家庭に育ったジーンはつり合うはずがないというダフィの思惑ははずれ、やがてふたりは一緒に暮らし始めた。しかし当時ベイリーに妻がいるのを知ったジーンの父親は激怒し、1年ものあいだ絶縁状態が続いた。

　ジーンはベイリーのミューズとなり『ヴォーグ』『ハーパーズ・バザー』『エル』などファッション誌の表紙を次々と飾り、「世界一美しい女性」「最もギャラの高いモデル」「時代の顔」ともてはやされたが、彼女はうぬぼれることはなかった。「私は写真に撮られることが好きだったことなんて一度もないわ。ただ写真に撮られるのが得意だっただけよ」。カメラがジーンを愛したのだ。たしかに彼女にナルシシズムを感じない。「さあ、どうぞ、準備はできてるわ。いつでもOKよ」と、ありのままの姿をカメラに差し出しているだけのように見える。

　1967年には映画『傷だらけのアイドル』の主人公の相手役に抜擢された。この作品を見れば彼女の造形がいかに上手く出来ているかがわかる。弓なりに秀でた額、アーチ型の眉、大きな瞳。ツンと上を向いた鼻。ふっくらとした唇。

そして、長く伸びた手脚。あらゆる角度から撮られても完璧だ。あまりにも完璧すぎてどのシーンでも、まるで三つ星のパティシエが丹念に作り上げたケーキがどこを切り取っても同じピースとなるように、ジーンの顔はひとつ。感情の機微がこちらに伝わりづらいのだ。彼女は女優向きではなかったのかもしれない。女優としてのキャリアは実を結ばなかった。

　ベイリーとの関係は4年で終わり、ジーンは映画『コレクター』(1965)で一躍スターの座に駆け上がった俳優のテレンス・スタンプと交際し始めた。1965年、彼女はオーストラリアの伝統ある競馬のメルボルン・カップに招かれ、テレンス・スタンプを伴って訪れた。デュポン社の新素材「オーロン」の宣伝のために着た膝上10センチの白いシフトドレスが、由緒あるレースに集まった紳士淑女の度肝を抜いた。その日は蒸し暑かったため、ジーンはノースリーヴのシンプルなドレスにブローチを留め、夏の名残の小麦色に焼けた素足にパンプスを履いたのだが、このスタイルが物議を醸すことになったのである。当時レディは人前に出る場合は帽子と手袋を着用するのがエチケットとされていたが、帽子も手袋もなし。しかもジーンのドレスは膝上10センチのミニ。ストッキングさえ穿いていない。予定より2時間遅れて会場に着いたジーンの姿を見た観客は、驚きのあまり静まりかえった。やがて、それは非難と嘲りの声となる。翌朝の新聞の一面にはレースの結果ではなく、ジーンの写真が大きく載った。この騒動には裏話がある。デュポン社から提供された生地がドレスを完成させるには足りないとわかり、困り果てたデザイナーにジーンが提案した。

　「それなら丈を短くすればいいわ。誰も気がつかないわよ」

　こうして膝上10センチのドレスが生まれた。気がつかないどころか、カメラマンたちはドレ

1　　　　　　　2　　　　　　　　　　　　　　3

1. メルボルン・カップの膝上 10 センチのドレス。
ビートルズの " 長髪 " と同じくらい問題なく見えるが。

©Nigel Cawthorne. *The Sixties Source Book:*
A Visual Reference to the Style of a Generation. Virgin Books. 1989

2. モデル・スクールで同期のシーリア・ハモンドと。
シーリアはジェフ・ベックのガールフレンドだった。

©Helmut Newton. *British Vogue.* The Condé Nast Publications. 1966. 6

3. ツイッギーもジェーン・バーキンも憧れたジーン。
フォトグラファーはソール・ライター。

©Saul Leiter. *British Vogue.* The Condé Nast Publications. 1966. 11

スがより短く見えるように下からあおるように
写真を撮った。しかし、このスキャンダルを呼
んだドレスが世界中のメディアで取り上げられ
たことで、皮肉にも前の年に〈Mary Quant〉が発
表し、パリでも〈Courrèges〉がコレクションで
見せた、ミニスカートの流行に拍車をかける。
翌1966年にはミニスカートを穿かない女性はも
はや時代遅れとされた。

　1965年はジーンの頂点だった。1966年にな
るとロンドン郊外、ニーズデン生まれの痩せっ
ぽちの少女ツイッギーがデビューし、瞬く間に
"66年の顔"となり、一大ブームを巻き起こす。
そんなツイッギーにとってもジーンは憧れの存

在だったという。もともと注目を浴びることを
好まないジーンは1975年にあっさりとモデルを
引退。もうファッションの世界に未練はなかっ
た。のちに彼女は"世界で最初のスーパーモデ
ル"と称賛された。いまはイギリス南西部コーン
ウォールで夫とともに小さなホテルを経営して
いる。1992年に自伝を出版したが、これはホテ
ルの屋根を修理する資金を捻出するためだった
という理由もいかにも彼女らしいではないか。

＿

＊恐るべき3人：デイヴィッド・ベイリー、ブライアン・ダフィー、テレ
ンス・ドノヴァンの3人のフォトグラファーを指す。ファッション・フォ
トの大家、ノーマン・パーキンソンが名付けた。

T
Twiggy

ツイッギー

日本で大旋風を巻き起こした
イノセントで "カワイイ" 少女

1967年10月に来日したツイッギー。
すっかりファッションはヒッピー調になっていた。
©anan ELLE JAPON. 平凡出版 . 1972. 2/5

「イ ヤよ！　絶対にイヤ！」。17歳のツイッギーは頑としてゆずらない。本名レズリー・ホーンビー。ツイッギーとは小枝のように痩せっぽちな彼女のニックネームだ。10歳年上でマネージャー兼ボーイフレンドのジャスティン・ド・ヴィルヌーヴが必死になだめすかそうとする。「ツイッグ、バカなことを言うもんじゃない。日本は素晴らしいに決まっている」

1967年、ツイッギーは日本からオファーを受けていた。招聘に関わっていたのは、前年にビートルズを呼んだ伝説のプロモーター、永島達司だ。ツイッギーやジャスティンも "タツ" と呼ぶ親しい間柄ではあったが、その年、アメリカ、ヨーロッパと世界中を仕事で飛び回っていた彼女は、もうこれ以上、旅をするのはお断りだった。

まだ10代だった彼女はロンドン北西部ニーズデンの実家暮らし。パパやママのいる家から離れたくない。それに日本ですって？　とてもそんな遠いところへ行くなんて無理だわ。どう説き伏せようとしても首を縦に振らないツイッギーに、困り果てたジャスティンは一計を案じた。途方もない高額なギャラを吹っ掛けて、友だち全員を引き連れて、往復の飛行機はファーストクラスという待遇ならOKだと要求すれば、日本側から断ってくるだろう。そうすれば、あちらの顔も立つし、ツイッギーは日本に行かなくて済む。しかし、なんとこれが通ってしまった。

1967年10月18日、ツイッギーとジャスティン、〈Twiggy Dress〉のデザイナーであるパムとポール、ボディガードなど一行を乗せたスカン

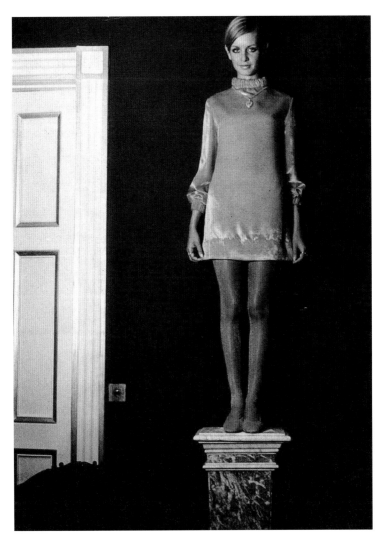

〈Jean Varon〉のミニドレスのツイッギー。
フォトグラファーはセシル・ビートン。

ジナビア航空の旅客機は羽田に着いた。"ミニ
スカートの女王"の生のミニスカート姿を撮ろう
と集まったマスコミのカメラマンや、「ようこそ
ツイッギー」と書かれた横断幕を掲げたファン
で空港はあふれんばかりだった。ツイッギーは
そんな異様な熱気に包まれた光景を飛行機の窓
越しに見た。空港のデッキを埋め尽くした顔、

顔、顔。全員が首からカメラを下げている。タ
ラップに降りた瞬間、カメラのフラッシュがツ
イッギーを襲う。あまりの大騒ぎに彼女はパニッ
クになり、ホテルへと向かう車の中で、とうと
う泣き出してしまった。
　彼女が羽田に降り立った時のスタイルは、
ファーのコートに最新流行の膝下丈のガウチョ・

パンツに鮮やかなスカイ・ブルーのロング・ブーツ。ミニスカートで現れるとばかり期待していたマスコミはがっかりした。ツイッギーの膝小僧が見えないだけで世間は一喜一憂した。それほどツイッギーとは、もはや社会現象であった。身長167センチ。体重41キロ。当時まだ子どもだった私でも彼女の身長と体重を空で言えた。

　ツイッギーは、翌日の10月19日に東京ヒルトン・ホテルの真珠の間で記者会見を行った。前年のビートルズの記者会見と同じ会場だ。この日はすっかりご機嫌を取り戻していて、マイクロミニのベルベットのドレスを着て笑顔を振りまいた。「ヒッピーについてどう思うか」と訊かれ、無邪気に「たぶん寒くなったらもう終わっているんじゃない？」と答える彼女は、どこにでもいるようなティーン・エイジャーだった。確かに、中東風のカフタンを着て裸足といったヒッピーのスタイルは冬向きではなさそうだ。

　しかし、ビジネスでは破格のギャラを稼いでいた。ビートルズのギャラが6万ドルであったのに対し、ツイッギーは15万ドルにのぼるといわれ、繊維会社の東レ、森永製菓とトヨタの三社が出し合った。3週間の日本滞在でツイッギーは、東京や大阪などでファッション・ショウに出演し、晴海で行われた東京モーターショーにゲストとして招かれ、新発売のトヨタ2000GTの傍らに立ってポーズをとり、たった5分間で会場をあとにしたが、それだけでこのスポーツカーは彼女のものになった。まだ彼女は車の免許さえ持っていなかったというのに。森永製菓は新発売のお菓子「チョコフレーク」のモデルに彼女を起用し、テレビCMが制作され、彼女のミニスカート姿はすっかりお茶の間でおなじみとなる。ショートヘアにミニドレスのCMは、ツイッギーがロングヘアになっても使われ続けた。

　私の仕事の原点は、実はツイッギーだ。彼女を目撃したからである。といってもテレビで彼

1.1967年、わずか17歳で
自身の名前のアパレル・ブランドを
スタートしたツイッギー。
© 森英惠流行通信．ファッションハウス 森 英惠．1967. 6

2.ロナルド・トレイガーが撮ったツイッギーは、
どれも自然ないい表情をしている。

©Ronald Traeger. *British Vogue*.
The Condé Nast Publications. 1967. 5

女を見たに過ぎないわけではあるが。TBSテレビで1967年11月11日の夜8時から9時までというゴールデン・タイムにツイッギーの特別番組「ツイッギー・イン・ジャパン」が放送された。この番組には彼女のほかに人気グループサウンズのザ・タイガースや、ミニスカートにツイッギー風ショートヘアの歌手、黛ジュンなども出演した。この番組に出たツイッギーの姿をいまも鮮明に覚えている。目玉はツイッギーのファッション・ショウであったが、彼女はちょっとその辺をお散歩といった風にスタジオをスタスタと歩き、TVカメラの前まで来るとターンをして、またスタスタと戻っていった。心持ち肩を前後に揺らして。それは、いままでに見たことがあるファッションショー、つまりドレスの番号が書かれた札を持ち、気取った様子のモデルがポーズをとり、司会が「こちらのカクテル・ドレスは春の装いにぴったりな……」などと説明する旧来のものとはまったく違っていた。

　歌うわけでもダンスをするわけでもなく、ただミニを着てスタスタ歩くだけ！　もしかするとお喋りすらもなかったかもしれない。これには驚いた。当時の芸能人といえば、インタビューで目標を訊かれると「歌って踊れる歌手(あるいは役者)になるのが夢です」と誰もが口々に答えるのが決まり文句だった。ブロードウェイやハリウッドが本場のエンターテインメントだとする考えが根強くあったのだろう。ところが、このツイッギーときたら、なにもしない。ただミニを着てスタスタ歩くだけ。ミニを着る以外になにもしないということが、どれだけ特異であったのか。言葉を変えるなら、ミニを着て歩くだけのツイッギーのほうが「歌って踊れる」以上に価値があったということだ。

　ツイッギーとは"体験"でもあった。ツイッギー来日以降の日本の女性は一斉にスカート丈を膝より短くした。もう若くはない私の母でさえミ

1

2

パリのプレタポルテの人気ブランド
〈Dorothée bis〉のジャケットとパンツを着て。

©Ronald Traeger. *British Vogue.*
The Condé Nast Publications. 1968. 2

1.「小枝のような人形から血の通った
21歳のオンナに成長した…」
再び脚光を浴びたツイッギー。
©anan ELLE JAPON. 平凡出版. 1972. 2/5

2. モデル業から離れ、
女優に転身したツイッギー。
メイクは〈Biba〉の製品を使用。
©Justin de Villeneuve. British Vogue.
The Condé Nast Publications. 1973. 4/1

ニを穿いた。ミニを穿かないのは、ふだん着物
を着ていた私の祖母のような明治生まれの世代
だけだったかもしれない。それでも1969年、総
理大臣の佐藤栄作が訪米した際に同行した60
歳を過ぎた寛子夫人(明治40年生まれ)が膝上3
センチのミニスカートを穿いたことが話題を呼
び、新聞に大きな写真が載った。

　ツイッギーの体型は、まだ未成熟な少女のも
のであったからこその痩せた体であり、彼女も
20代の半ばくらいには、多少肉がつき、やっ
と人間味のある——それでもスリムではあった
が——体型になった。しかし彼女のイメージは、
何年ものあいだテレビのCMに流れる痩せた体
の少女のままであった。痩せた体型というもの
が突如として価値をもち、女性たちは「ダイエッ
ト」という言葉を初めて知った。

　日本でのツイッギーは、女王陛下のような扱
いを受けた。空港での彼女がヒッピー風のビー
ズのネックレスを何重にもつけていたのを目に

した真珠を製造する会社からは希少なブラック・
パールのネックレスが贈られ、京都を訪れた時、
急に日本茶ではなく英国式の紅茶が飲みたく
なった彼女のために、ホテルまでの信号をすべ
て青にして、警察のパトカーが先導した。日本
でなぜこれだけ彼女が人気となったのだろう。
アメリカでももちろん人気はあったが、彼女を
"フリークス"のように見る向きもあった。しかし
日本は両手をあげて彼女を歓迎した。とにかく
キュート。少年のような少女。大きな瞳は無垢。
赤ちゃんみたいなプクッとした唇はいまにもく
すくす笑い出しそう。成熟したものより未成熟
で"カワイイ"ものを愛する文化。ツイッギーも
またカワイイものであった。着せ替え人形のよ
うに無機質でカワイイ。ミニスカートの彼女に
エロスは感じられない。鍵となるのはイノセン
ス。それらが、私たちの心をこれほどまでにと
らえた秘密ではないだろうか。

U
Union Jack

ポップ・アイコンとして
商品化された英国旗

『オブザーヴァー』紙
1966年3月20日号の表紙を飾ったザ・フー。

©Colin Jones, Nigel Cawthorne. *The Sixties Source Book:*
A Visual Reference to the Style of a Generation. Virgin Books. 1989

「レディ・ステディ・ゴー！」で最高視聴率を叩きだしたのは、ビートルズが出演した1964年3月20日の放送回だ。司会のキャシー・マガワンがジョージ・ハリスンに尋ねる。「映画を観に行ったり、踊りに行ったりはしないの？」「映画は観るけれど、プライベートなフィルムをね。といっても普通の映画だよ。たとえばボンド映画とかさ。だって、僕たちが映画館なんかへ行ったら、大騒ぎになってしまうだろ？」と拳銃を打つ真似をしてみせた。1964年、既にジョージの自宅にはホームシアターがあったのだろうか？　そこは、やはりビートルズということか。成功と引き換えに気軽に映画館へ行く自由を失ってしまったのは気の毒ではあるが、007シリーズという大ヒット娯楽作を挙げるジョージの素顔は、21歳になったばかりのどこにでもいる若者と変わらない。

　ビートルズ、マリー・クワント、ジェームズ・ボンド。沈みゆく大英帝国にとって、60年代の最強の輸出品は、すべてポップ・カルチャー由来だ。突然、国旗のユニオン・ジャックがポップ・アイコンとして、いたるところに見られるようになる。たとえばカーナビー・ストリートのモッドなブティックのショウ・ウインドー、あるいはマグカップ、紙袋、灰皿、ゴミ箱、はたまたビキニまで。ユニオン・ジャックそのものがポップ・アートになった。

　ポップ・アートとしてのユニオン・ジャックの最前線が、ザ・フーのギタリスト、ピート・タウンゼンドが着たジャケットだ。国旗を損壊することを禁じる法律がないのをいいことに、ユニオン・ジャックをジャケットに仕立てあげた——国旗をジャケットにだって？　天才だ！——。最初は由緒あるサヴィル・ロウのテイラーに依頼したものの断られ、結局、国旗を切って縫うことを厭わないイースト・エンドの仕立て屋がつくった。

1966年3月『オブザーヴァー』紙の表紙は、ザ・フー。国旗をバックに例のジャケットを着たピート・タウンゼンドの姿がある。ドラマーのキース・ムーンはオプ・アートのTシャツ、ベースのジョン・エントウィッスルはダイヤ柄のジャケット、ヴォーカルのロジャー・ダルトリーは長い襟のボタンダウンのシャツ。どれも見事な"モッド・ギア"だ。これは、ザ・フーがポップ・アートを支持し、ポップ・アートを生き、体現するというメッセージでもある。

ポップ・アイコンとしてのユニオン・ジャックは日本にも波及した。その頃の『ミュージック・ライフ』誌には「ミュージック・ライフ・カーナビー・ショップ」という通信販売があり、ユニオン・ジャックを全面にデザインした"カーナビー・バッグ"なるものが送料込み150円で売られた。カーナビー・キーホルダー、カーナビー・リングなどもあり、どれもユニオン・ジャックが使われた。ザ・カーナビーツというグループサウンズがいたように当時の日本人にとって、カーナビー・ストリートは憧れの地であった。私が初めてカーナビー・ストリートを訪れたのは、1988年。リバティ百貨店から少し入ったほんの小さな通りであることに驚いた。

ところで、ピートのユニオン・ジャケットはいまどこに？　何着かつくったが、とっくにバラバラにほつれて、残っていないそうだ。だって、ピートだもの。しようがない。

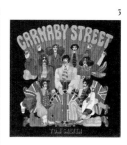

1.『rave』の英国特集のためにピート・タウンゼントが貸し出したユニオン・ジャケット。
©rave. George Newnes Ltd. 1965. 11

2.『ミュージック・ライフ』のカーナビー・ショップには、ビートルズ・ブレスレットやソックスも。
©ミュージック・ライフ. 新興楽譜出版社. 1967. 12

3.1970年に発売されたカーナビー・ストリートのイラスト本にもユニオン・ジャックがいっぱい。
©Tom Salter. Carnaby Street. M & J HOBBS. 1970

Jean Varon

モッドからロマンティック
そしてフェミニンへ華麗にシフト

初めてロンドンを訪れた1988年から、年に2回買い付けに行くようになると、マーケットにストールを出しているヴィンテージのセラーや、ショップのオーナーと次第に顔なじみになっていった。彼らのあいだにはネットワークがあり、'60sと'70sの服やアクセサリーを探している日本人女性がいると噂されていたらしい。マーケットを歩いていると「あなたが探しているようなものあるから、いらっしゃい」と声をかけられることがしばしばあった。当時日本人バイヤーで'60sや'70sを買うのは、私だけだったのだろう。マーケットで日本人の姿もよく見かけたが、ツーリストか現地に留学している学生がほとんど。日本人バイヤーは、たいていバーバリーのトレンチ・コートやカシミア

のセーター、ツイードのメンズジャケットなど英国の正統派の品々を買っていた。あるいは、ヴィクトリア朝やエドワード朝のドレスやジュエリー。そして、アンティークの家具。たぶん私は異色だったにちがいない。

また、買い付け当初は'60sや'70sを扱うディーラーも少なく、'50sが主流だった。「'60sの服があるから」と聞いて訪ねて行っても、'60s初期のジャクリーン・ケネディ風の七分袖に膝丈の大人しいスーツでがっかり、なんていうことがどれほど多かったことか。私が求めているのは、もっとゴキゲンでヒップな、ローリング・ストーンズのガールフレンドたちが着ていたような服なのに。言葉では伝わらないと考え、買い付けに行く前には、ファッション誌や音楽誌

1. ロマンティックな作風へと変わった頃の、
小花柄に羽根のトリミングがあるフード付きドレス。

©David Bailey. *British Vogue*. The Condé Nast Publications. 1969. 3/15

2. ポピー・レッドのケープとお揃いのショートパンツ。
モデルはツイッギー。

©Just Jaeckin. *British Vogue*. The Condé Nast Publications. 1967. 8

3.TV ドラマ「The Avengers」のヒロイン、
ダイアナ・リグのオブ・アート風ファー・コート。

©David Gittings, Richard Lester. *John Bates: Fashion Designer*. Acc Pub Group. 2008

から「こんなのが欲しい」というルックを片っ
端からコピーして、ディーラーに国際郵便で送っ
た。1990年前後のことで、まだインターネット
は普及してなかった。私は携帯電話さえ持って
いなかった。身も心も過去に生きていた。

　こうしてマーケットの人たちと親しくなって
いくと、彼らのほうから「これはミユキが好き
なはず」と、とっておきを見せてくれるように
なる。なかには〈Yves Saint Laurent〉や〈SONIA

RYKIEL〉といったパリのメゾンの服が混じっ
ていたことも。彼らは〈Yves Saint Laurent〉や
〈COMME des GARÇONS〉を発音する時、ちょっ
と気取ってフランス語風なアクセントになる。
パリへの憧れと、自分たちの国のファッション
にはないエレガンスへの羨望を感じる。しかし、
そこは英国人。〈agnès b.〉をアグネス・ビー、
レストランのガイドブックで有名なタイヤメー
カーのミシュランをミチュリンと、あくまでも英

1.1965年「ドレス・オヴ・ザ・イヤー」
に選ばれたドレス "カスバ"。
モデルはジーン・シュリンプトン。
©Brian Duffy. *British Vogue.*
The Condé Nast Publications. 1965. 1

2. 黄色と白のデイジーが付けられた
オーガンザのケープとキュロット。
オフィーリアのように。
©David Bailey. *British Vogue.*
The Condé Nast Publications. 1967. 12

語読みで通す。サウス・ケンジントンにあるミ
シュラン・ハウスは、ランドマーク的な建物に
もかかわらず、あくまでもミチュリン。なんと
も微笑ましいではないか。

　デザイナーのジョン・ベイツが彼のブランド
の名を〈Jean Varon〉と命名したのも似たような
理由だ。彼が初のコレクションを発表したのは
1959年。パリのモードが世界を支配していた。
ジョン・ベイツという英国人の名は、まったく
意味をもたなかった。そこで、彼はジョンとい
う名をフランス人風のジャンに変え、よりファッ
ショナブルにクラス感を演出して、バイヤーた
ちの関心を引くことを考えつく。姓のヴァロン
は、当時のファッション業界にVから始まるブラ
ンドがほかになかったからである。

　彼の名を一躍有名にしたのは、人気TVシリー
ズの「The Avengers（邦題：おしゃれ㊙探偵）」
だ。主演のオナー・ブラックマンがボンド映画
に出演するため番組を降板し、新しいヒロイン
に抜擢されたダイアナ・リグ演じる女スパイの
エマ・ピールの衣装制作のオファーを受ける。
オプ・アート風に白と黒のファーを大胆に組み
合わせたコート、黒のレザーのジャンプスーツ、
ターゲットマークのベレー帽。これらは視聴者
の人気を呼び、ライセンス商品がイギリス中の
デパートやブティックで売り出された。昨夜の

テレビで見た服を翌日には買えたというわけだ。
彼が衣装を担当したのは1965年から1966年ま
でと短いが、当時の白黒テレビの画面には、彼
がデザインしたモノトーンのオプ・アート風の
衣装が素晴らしく映えた。

　1965年は、躍進の年といっていいだろう。
彼がデザインしたミニドレス"カスバ"が、「ドレ
ス・オヴ・ザ・イヤー」に輝いた。テラコッタ
色とブルーのプリントのビキニ風トップとミニ
丈のスカート部分からなるドレスで、ミドリフ
には大胆にブルーのメッシュを使ってトップと
スカートを繋げているので、お腹のあたりが透
けて見える。最初の"シー・スルー・ルック"と
いわれているものだ。

　さて、私がジョン・ベイツを知ったのは、80
年代の初めに青山の嶋田洋書で買った『Fashion
In The 60's』という小さな本だった。初版は
1978年。この頃、まわりの'60s好きはたいてい
この本をもっていた。〈Biba〉や〈Mary Quant〉、
〈Ossie Clark〉は知っていたが、この本のおか
げで〈Foale and Tuffin〉、ジョン・ベイツ、ジョ
ン・スティーヴンを知る。私が、この時代の
ファッションについての知識を得るためにす
ることは、まずできるだけたくさんの服をマーケッ
トやショップで見て、お気に入りのブランドが
あればタグを見て名前を覚えること。そして、

それらの名前を当時の雑誌から拾いながら確認する。いまはインターネットのおかげで、検索すれば情報はすぐに手に入るが、玉石混交だ。情報の伝言ゲームのような間違いもある。だからこそ当時の紙の媒体からじかに情報を得るのが、とても重要になってくる。

　1964年から1974年まで英国版『ヴォーグ』はほとんど全冊をもっている。この10年間は激しくモードが変革した時代であったが、〈Jean Varon〉がずっと取り上げられていることに驚く。移ろいやすいモードの世界では、旬のデザイナーが現れては、消えていく。1968年に見たブランドが1970年には既になく、新しいスターが登場する。そんななか〈Jean Varon〉は初期の

オプ・アートに影響されたモッドな若さあふれる作品に始まり、次第にモダニズムは影をひそめ、ロマンティックな作風を経て、カッティングで見せるシンプルでフェミニンなものへと変化していくのがわかる。しかも、それが無理をしているようではなく、いとも容易く時代とともに軽やかにシフトしていった。

　マーケットで〈Jean Varon〉の服を見れば、コンディションに問題がないなら、買う。私にとってジャン・ヴァロンとは、安定したデザインの確かさと、ウェアラブルであり品質のよい頼れるブランドといっていいだろう。すべてにおいて塩梅のよいブランド。それが、ジョン・ベイツが生みだした〈Jean Varon〉である。

1

1. 白いシフォンのフリルをたっぷり飾ったケープ。モデルはジーン・シュリンプトン。
©David Bailey. *British Vogue.* The Condé Nast Publications. 1968. 3/15

2. ジョン・ベイツ。〈Jean Varon〉のデザイナー。背が高く、モデルのようなスリムな体型。
©John Carter. *19.* IPC Magazines Ltd. 1969. 4.

2

Wonder Workshop

ワンダー・ワークショップ

ヒョウやマリリンの顔が
ロックなバッドテイストに

キ　ングズ・ロード430番地。スペシャルな
アドレスだ。ここに生まれた店はどれも
流行ったが、たいてい短命に終わった。70年代
初め、原宿のあちこちに小さなブティックがで
きて、それがファッションのムーヴメントになっ
たのと同じような現象が、キングズ・ロードで
は60年代半ばから起きていた。1967年、ケー
ル・ストリートからこの地に移転したブティッ
ク〈Hung On You〉はピーコック革命を牽引した
が、たった2年で閉店。1969年にはグラム・ファッ

ションで名高い〈Mr Freedom〉に変わった。そ
して〈Mr Freedom〉がさらに店舗を拡大するた
めケンジントンに引っ越すのを機に、1971年5
月にオープンしたのが〈Paradise Garage〉だが、
もうその年の終わりにマルコム・マクラーレン
とヴィヴィアン・ウェストウッドが引き継ぐこと
になる。すなわちそれが彼らの最初のブティッ
ク〈Let It Rock〉だ。さらには〈Too Fast To Live
Too Young To Die〉〈Sex〉〈Seditionaries〉と目ま
ぐるしく名を変え、1979年に現在も続く〈Worlds
End〉となった。

　〈Paradise Garage〉のオーナーのトレヴァー・
マイルズは〈Mr Freedom〉出身。折しもグラム・
ロックがヒット・チャートを賑わし、ティーンエ
イジャーの少女たちは70年代に登場した新しい
時代のアイドル、デヴィッド・ボウイやT・レッ
クスに熱狂していた。元ビートルズのリンゴ・
スターは「T・レックスは新しい時代のビートル
ズだ」と宣言し、自らライブに出かけて写真を
撮り、彼らを主演にした映画『ボーン・トゥ・
ブギー』(1972)の製作・監督・出演をかってでた。

　〈Wonder Workshop〉はジョン・ダヴとモリー・
ホワイトによるブランド。キングズロードのふた
つのブティック、〈Paradise Garage〉と〈Granny
Takes A Trip〉で売られた。彼らの作品のなか
で一番有名なのは、やはりマーク・ボランが着
た"Wild Thing"のTシャツだろう。これはトロッ
グズの同名ヒット曲に着想を得たもので、シル
クスクリーンで豹の顔が大きくプリントされ、
〈Paradise Garage〉のトレヴァー・マイルズのア
イディアでラインストーンが散りばめられた。

　ミック・ジャガーもローリング・ストーン
ズの1972年のアメリカ・ツアーで〈Wonder
Workshop〉のマリリン・モンローのタンクトッ
プを着た。ミックはこのタンクトップにシルバー
のジャケットを合わせ、パンツはピスタチオ・
グリーンといったグラム・ファッションに身を

1

2

3

1. 1972年USツアーの楽屋で。
マリリン・モンローの
タンクトップを着たミック。

©Jim Marshall. *The Rolling Stones
1972 50th Anniversary Edition.*
Chronicle Books. 2022

2. 豹柄のジャケット、
"Wild Thing" のTシャツ、
サテンのパンツ。
すべて〈Wonder Workshop〉。

©Armet Francis, Dominic Lutyens, Kristy Hislop.
70s Style & Design. Thames & Hudson. 2009.

3.〈Paradise Garage〉の外観。
以前は〈Mr Freedom〉だった。

©Tim Streetporter.
平凡パンチ . 平凡出版 . 1971. 10/4

包み、目もとと眉間にシルバーのラメを塗った。これはボウイやマーク・ボランよりいち早くメイクをした男性は自分であるという意志表明のようではあるが、遡ればロックンロールとはもともとショウ・ビズの世界のもの。リトル・リチャードはもっと前、50年代からメイクをしていたことを忘れてはならないだろう。

ロック・ミュージックは60年代後半からシリアスな音楽へと変貌した。もはやビートルズがデビューした頃のあどけなさとはかけ離れたものになっていた。そこに生まれたのがグラム・ロックだった。ロックンロールとはティーンエイジャーの馬鹿馬鹿しくも楽しいお祭り騒ぎなのだから。そんなことを思い出させる'50s風のエルヴィスやマリリンが胸にでかでかとあしらわれた服や、キッチュな豹柄が突然もてはやされ、人々は進んでバッド・テイストなものを着ることに夢中になった。そんな時代を〈Wonder Workshop〉は、ポップにキャンプに彩った。そして、いまもジョンとモリーのふたりは往年の作品を復刻し続けている。

X, Y & Zee

『ある愛のすべて』

潔いほどの悪趣味さえ愛しい
我が道を突き進むリズ

"世紀の美女"と謳われたエリザベス・テイラーにとって60年代のミニスカートの流行以降のモードは分が悪かった。私が彼女のことを知ったのは映画『クレオパトラ』(1963)。小学生だった私は、父が買う『婦人公論』――なぜ父が女性向け月刊誌を購読していたのかは、いまもって謎だ――や『文藝春秋』をこっそり読むのが好きだった。特にお気に入りは映画評のページ。ここから仕入れた知識がたくさんある。『クレオパトラ』で共演したエリザベス・テイラーとリチャード・バートンはともに配偶者がいながら不倫関係となり、一大スキャンダルになったことや、撮影が遅れに遅れ、20世紀フォックスに多大な損害を与えたいわくつきの作品であったことなど、子どもながらに知って

いたのはふたりが大スターだった証しだろう。

それでも、60年代の子どもである私にとって、雑誌のグラビアで見るリズことエリザベス・テイラーは、たしかに顔は綺麗だったかもしれないが、中年になって贅肉の付き始めた身体、大きな頭とそれを支えるには狭すぎる肩と、太くて短い手脚のずんぐりした、おばさんっぽい女優としか映らなかったのである。豊かなバストでさえ"今風"ではなかった。

奇しくも1962年にマリリン・モンローが亡くなり、時代はもう女性の身体に豊満さを求めなくなっていた。英国版『ヴォーグ』では、長い手脚をもつ、すらりとした長身のモデルのジーン・シュリンプトンが花形であった。

そんなエリザベス・テイラーが主演し、ロン

ロンドンが舞台となった映画が『ある愛のすべて』
(1972)。倦怠期を迎えた中年の夫婦と若い女性の奇妙な三角関係を描いた作品である。成功した建築家である夫を演じるのはマイケル・ケイン。夫の愛人である若い女性にスザンナ・ヨーク。もうこの頃のリズは体重もかなりあったと見えるが、ポンチョを着てふくよかな上半身を

エリザベス・テイラー、
マイケル・ケイン、スザンナ・ヨーク。
キャスティングがいい。
日本での公開当時のパンフレットより。

覆いつつ、最新流行のホットパンツを穿いていたりするのだから。いやはや。

驚いたことには、彼女の脚、とくに膝から下はまるでそこだけ成長を忘れてしまったかのように大きな頭と上半身とは別人のように細く、幼く、ひどく無防備に見える。夫ロバート（マイケル・ケイン）の浮気に勘づいたジー（エリザベ

ス・テイラー）は、その相手であるステラ（スザンナ・ヨーク）が経営するブティックを訪れる。この時もポンチョにホットパンツにブーツというスタイルだが、インナーに着たタートルのニットに二重顎の彼女の顔がめり込みそう。タートルというものはオードリー・ヘプバーンのような長い首の持ち主が着てさまになるものなのであって、リズのような短い首では欠点をさらけ出すはめになる。が、そんなことお構いなしなのが我らのリズだ。売約済みだというパープルのドレス――彼女の瞳と同じ菫色(すみれ)の服を生涯好んだ――を欲しがり、「サイズは？」と訊かれると「12よ」と答える。断っておきたいのだが、英国サイズの12は日本では11号とされているが、当時の12はいまよりも小さくつくられていて、現在ではSサイズくらいの感覚。いくら身長157センチと小柄なリズでもそれはないだろう。ステラはすぐに「サイズを測ってみましょう」とジーを採寸し始める。「バスト99センチ」案の定だ。ここでもステラの私物だという大きな羽飾りのついた三銃士風の帽子を欲しがる。さすがにあきらめて、ステラを牽制するつもりか「他人のものを取っては悪いものね」と言うのであるが、のちのシーンで、ジーはこの帽子を被っている。どうやって手に入れたのか？　リズの菫色の瞳でじっと見入られると、人は「イエス」と言ってしまったそうだ。あの瞳には魔力がある。人を自分の思いのままにあやつる魔力。そうして彼女はリチャード・バートンから世界一大きなダイヤモンドの指輪を手に入れたのかもしれない。さすがのバートンも「いや、なに、ちょっとしたプレゼントさ」と、マスコミに向けての精一杯の痩せ我慢ともとれるコメントをするしかなかった。

　一方、ステラはお洒落なブティックのオーナーらしくスリムな体型。落ち着いた色のデザインでシンプルなファッションを好み、アクセサリー

も控え目。対してジーは、派手な色のパーティ・ドレスに、クレオパトラと見間違いそうな瞳の色に合わせたアイシャドウを眉まで塗ったメイク。ジーはヒッピー風の薄い素材のカフタン・ドレスがお気に入りのようで、パーティのシーンで着たドレスは〈Thea Porter〉のもの。リズはこのゆったりとしたカフタン・ドレスを好んだ。体型をカバーできることもあるだろうが、なによりも彼女の美しい顔に視線が集まるからではないだろうか。バートンと2回目の結婚をした時に着たのもロンドンを拠点としたデザイナー、ジーナ・フラティーニのカフタンであった。式では、袖が“キモノ”のように垂れ下がるこのドレスを着た彼女はご満悦といった表情だが、隣りで椅子に座っているバートンは、顔に風になびいた袖が被さり、渋い表情。この結婚は1年たらずで破局を迎えた。

　60年代後半からのリズは、ジョセフ・ロージー監督の『秘密の儀式』（1968）ではミア・ファロー、同監督の『夕なぎ』（1968）ではジョアンナ・シムカス、『ある愛のすべて』ではスザンナ・ヨークと、若くてスリムな旬の女優と共演をしている。たしかに彼女たちは時代そのもので、流行のファッションがよく似合った。けれでも、私が偏愛してやまないのは、大きな頭をさらに大きなヘアスタイルでますます大きくして、好きなものを好きなように着て、宝石で飾りたてる悪趣味なエリザベス・テイラーなのである。悪趣味と野暮は違う。野暮とは趣味をよくしようとして失敗した結果だ。悪趣味は人によく思われたいなどという、いじましい考えなどとは無縁だ。潔いのだ。いみじくもジーはこう言っている。「私は太っているわ。でも、それがなんだというの？」とぴったりしたセーターを着て、尖った胸を突き出す。エリザベス・テイラーという類い稀な宝石を愛でる醍醐味とは、こんなところにあるのだろう。

1. リズのホット・パンツ姿。
頭に被っているのは、
ステラの私物の羽根飾りの帽子。

2. ピンクのウイッグと
羽根のボアの女性（右下）が、
いかにもこの時代のパーティ・ピープル。

3. あるシーンで、
お気に入りのデザイナー
〈Thea Porter〉のドレスを着たリズ。

©Laura McLaws Helms. *Thea Porter: Bohemian Chic.*
Victoria & Albert Museum. 2015

Young Idea

ヤング・アイディア

ヴィンテージ・マガジンで
見つけたお気に入りのページ

あれは1983年か、1984年のこと。下北沢のとある中古ビデオや古い雑誌を売る店の床に創刊当時の『an・an』が山積みになっていた。50冊はくだらなかったか。ほとんどがいまならコレクター垂涎の的、堀内誠一がアートディレクターだった頃の『an・an』だ。それが、すべて100円。どこかの誰かがまとめて処分したのだろう。まず言っておきたいのだが、まだ'60sのブームが起きるか起きないか微妙な時期だ。いつでも10年前の流行は、アウトなのだ。表紙に100円のシールがべったりと貼られていたが、そんな扱いがふさわしい代物だった。私は思わぬお宝を発見して小躍りする気持ちを抑えつつ、丹念に一冊ずつチェックして、電車に乗って持って帰れる分だけ選んだ。両手に大

きな紙袋ふたつ。いまも時々その日の店内の様子やうずたかく積まれた『an・an』の光景が、悪夢のようにありありと浮かび「しまった！」と後悔する。なんで気づかなかったのだろう。全部買ったとしても、たかだか5000円で、堀内誠一時代の『an・an』が手に入ったのだ。そこは全部買って宅配便で送ってもらえばよかったのだ。その痛い体験から、古いファッション誌が安く大量に放出されていたら、「すべて買うべし」が私の信条になった。

英国版『ヴォーグ』を集め出したのは、1988年から。金曜のポートベローのマーケットのストールで服やアクセサリーを仕入れたあとのお決まりのコースは、マーケットからポートベロー・ロードをさらに歩く。マーケットが催さ

マリット・アレンも着た〈Foale and Tuffin〉の
ツイードのオプ・アート風スーツ。

れる金曜と土曜だけ開いているヴィンテージ・ショップがあった。不思議と名前が思い出せない店で、あの頃のディーラーたちに訊いても、店は知っていても名前は覚えていないという。ずっとそこにあることが当たり前で誰でも知っているが、誰も店の名など気にも留めない、そんな存在だった。当時の日本のファッション誌のロンドン特集によると〈The Antique Clothing Company〉という名の店だったようだが。ショウ・ウインドーには、さまざまなウィッグが並んでいて、〈Anouchka〉のウィンドーに鎮座しているマネキンのウィッグもここで手に入れたものだ。この店は、メンズのツイードのジャケットや、バーバリーのトレンチ・コートなどがラックに

清楚なジェーン・アッシャー。
リバティ・プリントの
< Foale and Tuffin >のドレス。
©David Bailey. British Vogue.
The Condé Nast Publications. 1964. 7

アメコミ風の楽しいページ。
〈Foale and Tuffin〉の代表作のひとつ
"D ドレス" が登場している。
©Don McPherson, Traeger. British Vogue.
The Condé Nast Publications. 1966. 6

ぎっしり掛かっていて、奥まで進むとレディースの古着もあったが、'50sのドレスや、'60sでも初期のひざ丈のスカートと七分丈の袖のテイラード・カラーのよくあるスーツが主で、私が探しているヒップでゴキゲンな服は、出会えればラッキーといった品揃え。が、侮ってはいけない。一番奥にバーのカウンターのようなコーナーがあり、その先にはファッション雑誌が大量にあった。バーの袖木のような板をくぐると、'60sや'70sの『ヴォーグ』があるある！ それも、一冊5ポンドくらい。当時のレートでも一冊

1000円はしなかったはずだ。いまはその10倍から20倍の値段になっている。

　『ヴォーグ』は、"グロッシー・マガジン"と呼ばれる光沢紙を使ったハイファッション誌だ。本体の半分ほどは、広告。やたらと多いのが、ランジェリー——お腹をへこませるガードルの端にはガーター・ベルトが付いている。女性はこんな不自由な装具を身に着けていたのだ——、煙草、化粧品、ジュエリー。そして、巻頭のカラー・ページはパリの服や、英国の老舗ブランドのファッション写真で飾られる。フォ

お揃いの小花柄のコート、
ドレス、帽子、シューズ。すべて〈Biba〉。
モデルはツイッギー。
©Ronald Traeger. *British Vogue.*
The Condé Nast Publications. 1967. 5.

一番左はパティ・ボイド。
アジア系、アフリカ系のモデルも起用された。
©Ronald Traeger. *British Vogue.*
The Condé Nast Publications. 1968. 1.

トグラファーもノーマン・パーキンソンやヘンリー・クラークといった大御所。あごをあげて、お決まりのポーズをとる貴族的なルックスのモデルたち。『ヴォーグ』の誌面のヒエラルキーは巻頭が頂点で、ページが進むにつれて下がっていく。そんななかほぼ毎号掲載された「Young Idea」というページが私の一番のお気に入り。このセクションは後半にあり、たいてい写真はモノクロだ。このページには、〈Mary Quant〉〈Biba〉〈Ossie Clark〉〈Jean Varon〉〈Foale and Tuffin〉といった新進気鋭のデザイナーの服をツ

イッギー、パティ・ボイド、グレイス・コディントンなど若手モデルが着た。フォトグラファーも、デイヴィッド・ベイリーをはじめ、ブライアン・ダフィ、ロナルド・トレイガーら新世代のフォトグラファーが、躍動するロンドンの生き生きとしたフレッシュで等身大の若い女性の姿を撮った。

　この「Young Idea」を担当したのが、マリット・アレンというエディターである。彼女は、『クイーン』誌でビアトリクス・ミラーのもとでキャリアを積み、ミラーが『ヴォーグ』の編集長に

引き抜かれた際に、彼女も『ヴォーグ』のファッション・エディターに就いた。1964年のことだ。「Young Idea」のページを担当し、1973年まで『ヴォーグ』で働いた。1966年にウォーレン・ベイティ主演映画『カレードマン 大胆不敵』で相手役を演じたスザンナ・ヨークの衣装を手がけ、彼女のために〈Foale and Tuffin〉の服を選んだ。1967年に映画プロデューサーのサンディ・リバースンと結婚。この式でも、〈Jean Varon〉のデザイナー、ジョン・ベイツに依頼した白地にシルバーの大きな襟があるミニ丈のドレスを着た。ちなみに夫サンディ・リバースンの最初のプロデュース作品が、ミック・ジャガー主演の映画『パフォーマンス』(1970)である。また、彼女はジョン・ベイツとは個人的にも大変に親しく、ミニスカートを最初に考案したのは、マリー・クワントでもパリのアンドレ・クレージュでもなく、ジョン・ベイツであるというのがマリットの主張である。彼女は若い世代そのもので、最初に『ヴォーグ』の編集部に現れた時は、周りをあっと驚かせた。ヴィダル・サスーンのヘアに丸いふちのお婆ちゃん風の眼鏡、ミニスカートを穿いた悪戯っぽい妖精のような女の子が編集者? しかし、彼女は才能を見出すことにずば抜けていた。RCAを卒業したばかりのオシー・クラークを『ヴォーグ』1965年8月号に取りあげたのもマリットだ。

彼女の転機となったのは、ニコラス・ローグ監督に映画『赤い影』(1973)の、ジュリー・クリスティの衣装を担当したことである。この年に『ヴォーグ』を去る。1964年から1973年まで『ヴォーグ』に在籍したというのも、私が最も好きな10年間、"デケイド"と符合していて、思わずほくそ笑んでしまう。

ファッション誌から退いたマリットは、映画の衣装制作に専念し、およそ40本もの作品にかかわった。スタンリー・キューブリック監督『ア

イズ・ワイド・シャット』(1999)、アン・リー監督『ブロークバック・マウンテン』(2005)などを手掛け、『エディット・ピアフ 愛の讃歌』(2007)でアカデミー賞衣装部門にノミネートされた。

ところで、「マリット・アレン・コレクション」なるものがあって、2007年に他界した彼女の服のプライベート・コレクションがオークションにかけられた。なかには、例のジョン・ベイツがデザインしたウェデングドレスをはじめ、〈Biba〉〈Ossie Clark〉〈Jean Varon〉〈Foale and Tuffin〉〈Bill Gibb〉などヴィンテージ・マニアなら卒倒するほどの貴重な服が出品された。私が格別にマリットを晶屓にするのも、彼女が実際にこれらのデザイナーの服を着ていたからということもある。ショートヘアにトレードマークの丸い眼鏡をかけた彼女の若くファニーなルックスも、とてもチャーミングだ。デイヴィッド・ベイリーも彼女を被写体にした。あのベイリーが、だ。これっぽちも惹かれない女性なら、まずベイリーは撮らない。それほどお気に入りのデザイナーの服を着た彼女は、編集者の枠を超えた魅力にあふれていたのだろう。服、ひいてはファッションとは、人が着てこそのものなのだ。着ることでファッションに初めて血が通い、息を吹きこまれる。

さて、「マリット・アレン・コレクション」の気になる行方はというと、オークション・サイトにはどの出品にも"Unsold"と書かれている。どういうことなのか。ジョン・ベイツがデザインした婚礼の衣装は、現在ヴィクトリア&アルバート博物館に所蔵されている。ひょっとして? 彼女の素晴らしいコレクション――といっても、彼女はコレクションしようなんて考えたことは毛頭なく、着たいものを着ただけだろう。そして趣味がよかっただけなのだ――が、博物館など私たち愛好家が目にすることができる、安住の地を見つけられたことを心から願う。

1

Young Idea-Dresses to See You Through

Dotty voile dress, the collar all afloat with uncontrollable frills, more at the hem. It could be a coat too. Mouse brown with white frilly garters, Quant's Ginger Group, about 11 gns; tights, 19s. 11d, Bazaar. Shoes, 57s. 6d, Anello & Davide. Shops, sizes, colours, see Stockists

The giant chess men appeared in the film, *Deadlier than the Male*, for Rank. All six pages photographed at Pinewood Studios

HANS FEURER

1. シー・スルーの特集。
水玉のドレスはマリー・クワントの
〈Ginger Group〉。

©Hans Feurer. *British Vogue.*
The Condé Nast Publications. 1968. 4/1

2. マリットの結婚式のために
ジョン・ベイツがデザインした、
白のギャバジンに銀色の PVC 素材の
衣装を着たマリット・アレン。

©Richard Lester. *John Bates: Fashion Designer.*
Acc Pub Group. 2008

Z

Ziggy Stardust

異星人ロック・スターを密かに
共有するという少女の遊び

鏡の前に置かれた蓋とラベルが
白と黒のチェックの瓶は、
ディオールの香水だろうか？
©Mick Rock.
Glam!: An Eyewitness Account.
Vision on. 2006

私は、60年代には間に合わなかったが、グラム・ロックのことなら知っている。グラムとはグラマラスを語源とし、ヒッピー・カルチャーが色褪せてきた頃、長髪にジーンズというスタイルに対抗するように、わざとどぎつくサテンやスパンコールで装い、男性もメイクアップをし、音楽は'50sのロックンロール・リヴァイヴァルが手本。そのファッション・アイコンはマリリン・モンロー、エルヴィスなどであった。

部屋でAMラジオのチャンネルをなんとなくひねっていたら、NHKラジオとTBSラジオの真ん中あたりにとても電波の強い局を発見した。新聞のラジオの番組表にもない、その局はFar East Network（極東放送）略してFENといい、在日アメリカ軍の基地向けのラジオ局であった。もちろんすべて英語の放送で、いまアメリカでヒットしている音楽が時差なしでかかる。その頃、日本のAMラジオのパーソナリティーと呼

漢字で"出火吐暴威"
と描かれた衣装は
山本寛斎のデザイン。
©ilpo musto / Alamy Stock Photo

ばれていたDJたちの多くはおしゃべりが中心。
音楽は二の次といった番組の構成に辟易してい
た私にうってつけの局を見つけたわけだ。ロッ
クやソウルがガンガンかかる。ただし、早朝の
5時くらいにはカントリー＆ウエスタンの番組
だったから、さすがにこれはパス。

　いつものようにFENを聴きながら、学校の宿
題をしていると、聴いたことのないヘナヘナし
た声の、サビがどこなんだかわからない、盛り

上がるかと思いきやそうでもない、不思議なメ
ロディ・ラインの曲が流れてきた。

　それはデヴィッド・ボウイの1972年のヒッ
ト曲「スターマン」だった。この頃、彼は異星
から地球にやってきた架空のロックスター"ジ
ギー・スターダスト"を演じていた。私は彼の宇
宙からの信号をキャッチしたということだ。ちょ
うど音楽誌にはグラム・ロックが取り上げられ、
期待の新人として彼のモノクロの写真が載って

and now for the amazing...   MR KANSAI YAMAMOTO

1. 山本寛斎の「因幡の白兎」の
オールインワンは、ボウイが
ロンドンのブティックで買ったもの。

©Mick Rock. *Glam!: An Eyewitness Account.*
Vision on. 2006

2. 『Vogue』誌の見開きの
山本寛斎特集。寛斎が黒子。
中央はマリー・ヘルヴィン。

©Clive Arrowsmith. *British Vogue.*
The Condé Nast Publications.1971. 7

いた。服とお揃いのプリントの帽子を被り、心持ちあごをあげ、虚空を見るような眼差し。これほど美しい男性を見たことがなかった。彼は女装した男性というようなカテゴライズされたものではなく、性別をはるかに超越したところにふわふわと浮かんでいた。

1973年、彼は「ジギー・スターダスト・ツアー」日本公演のためにアメリカから船でやって来た。異星人のロックスターが船？ スペースシップではなくて？ そして、帰りはまた横浜からナホトカまで船に乗り、シベリア鉄道でユーラシア大陸を横断した。すべては彼の存在をミステリアスに見せる演出であり、これを考えついたのは、当時の妻のアンジーだ。

そして、忘れてならないのはこのツアーでボウイの衣装の多くをデザインした山本寛斎だ。1971年5月に日本人として初めてロンドンでファッション・ショウを開いた。川久保玲や山

本耀司のパリ・コレクション進出から遡ること およそ10年前。歌舞伎からインスピレーション を得た彼のショーは連獅子のカツラを被った赤 い髪をしたモデルが頭を大きく振り、寛斎自身 が黒子となって舞台に控え、衣装の引抜をして みせるという、まさにスペクタクルなもの。こ れは大成功を収め、寛斎の服を着た東京生ま れハワイ育ちのモデル、マリー・ヘルヴィンが 『ハーパース・バザー』の表紙を飾り、『ヴォー グ』も見開き2ページで"Glamoto"というグラム・ ファッションと山本の名をもじったタイトルで 大々的に取り上げた。これは大変な快挙である。 寛斎のショウを伝えるコラムには、パリで人気 が出はじめた高田賢三も紹介されている。

このショウをボウイは見ていないが、当時ロ ンドンで寛斎の服を扱っていた〈Boston-151〉と いうブティックで「因幡の白兎」をモチーフに したオールインワンを買い、ステージ衣装にし ていた。つまり、ボウイが寛斎を発見したのだ。 アルバム『ジギー・スターダスト』(1972)のジャ ケット写真でボウイが着たのは、その頃のお抱 えデザイナーのフレディ・ブレッティによる、 スタンリー・キューブリック監督の映画『時計 じかけのオレンジ』(1971)の暴力的な主人公ア レックスの白いジャンプスーツにヒントを得た ジオメトリックな柄のキルティング・ジャケッ トとパンツのセットアップだ。

1973年7月3日にロンドンのハマースミス・オ デオンで催されたコンサートを収録したボウイ のライヴの記録映画『ジギー・スターダスト』 (1979)では、コスチュームは寛斎とブレッティ の名がクレジットされている。

1973年のボウイの初来日に話を戻そう。寛斎 がボウイのためにつくった衣装のなかでも特に 圧巻なのは「出火吐暴威」と彼の名を漢字で当 てた文字が描かれた白の長いマントだろう。歌 舞伎の引抜の手法を使い、黒子が衣装を両側か ら引くとワンショルダーのニットのオールイン ワンを着たボウイがあらわれる仕掛けだ。日本 滞在中に歌舞伎を鑑賞し、さっそくステージの パフォーマンスに歌舞伎の所作を取り入れた。 いうまでもなくボウイは、ロックをシアトリカル なアートまで高めた最初のアーティストのひと りではあるが、この頃の彼のファンはもっと無 邪気だった。たとえば大島弓子の少女漫画にし ばしば登場するボウイをモデルにしたキャラク ターの造形をとっても、偉大なアーティストと しては描かれていない。彼らは個性的なキャラ クターであった。たとえば『いちご物語』(1975 年)では、ボウイのように薄い眉で痩せた体をし た日向温という登場人物が、「スターマン」を口 ずさみながら、ハサミで満開の薔薇の花を切っ ている、というように。背景には花びらが舞い 散っている。ストーリーには関係のないワンシー ンだが、ここには作者と読者たちはボウイを秘 かに共有する楽しみがあった。少女たちは、美 しいもの、可愛いものに惹かれ、夢中になる。 そして、それを自分の手のなかに収め、愛でる のが少女というものなのだ。

私が幼い頃、紙石鹸というものが流行った。 これは石鹸を手のひらに収まるほどの小さな長 方形に薄くスライスしたもので、花などのさま ざまな意匠を凝らした包み紙に入っていて、と てもいい香りがした。雑貨店で買った紙石鹸を 友だち同志で見せあったり、交換したものだ。 実際に使うことはほとんどなく、引き出しのな かにそっとしまい、時々開けては眺めていた。 それは少女だけが入ることができる秘密の花園 での遊びだったのだろう。

「ジギー・スターダスト」時代のデヴィッド・ ボウイと日本の少女たちは、そんな閉じられた 円環のような空間で邂逅し、ともに戯れる幸福 な時間を体験したのだ。

The Good Times in London

1. パディントン駅。ドーム型の天井から光が差している。国鉄の
ブリティッシュ・レイルと地下鉄が乗り入れるロンドンの主要駅
のひとつ。1988年2月。 2. 雨上がり。歩道の水溜りが朝日を
反射する。信号機の形がレトロ。歩行者は信号が赤でも車が来な
ければ、横断歩道をどんどん渡る。「あなたのリスクで」が徹底
した国。 3. ロンドンのどこにもありそうな街並み。古い建物は、
外観はそのままにして、中はリノヴェーションして使う。 4. ロ
ンドンの街中では、自動販売機を見かけることは滅多になかった
が、地下鉄の駅にたいがいあるのが、このキャドバリー社のチョ
コレート・バーの自販機。さすがチョコレート消費量世界第3

位(5位のデータもあり)の国。 5. いろいろなホテルに泊まっ
た。B&Bからブティック・ホテルまで。一番びっくりしたのが、
1997年10月、火災報知器が鳴って客も従業員も外に避難して
いるのに、私たちの部屋は聴こえなくて、ふと窓の外を見たら
人だかりができていたこと。 6. ポートベロー・マーケット。な
んでも売っている。それこそ「こんなものを誰が欲しがるのだろ
う?」というものから、スペシャルなヴィンテージまで。根気が
いるのだ。 7. 懐かしいジェニー。アクセサリーやバッグなど小
物をよく買った。彼女のスタジオにお邪魔すると、いつもカモミー
ル・ティーを淹れてくれてお喋りした。もうあなたに逢えないな

買い付けではフリー・マーケットをめぐり、ヴィンテージ・ショップを廻り、1日中ロンドンの街を歩く。
1988年に初めて訪れてから、その合間で撮った写真のいくつかをアルバムから。

Photo: Miyuki Kaneko

んて……。8. ポートベロー・ロードの"カノピー"と呼ばれる大きなテントの下のマーケット。微笑んでいるのは、なにかとお世話になった優しいアレックス。いまは画家だ。9. パディントン駅にて。犬を連れたパンクスが行く。1988年にはまだパンクスの残党がいた。トラファルガー広場など観光地で写真を撮るとお金を要求されるという噂を聞いたものだ。10. ご知知"ロンドン・アンダーグラウンド"、つまり地下鉄のマーク。窓が汚れて見えるが、実際に汚れている。車両も全体的に煤けているし、日本の公共交通はとても清潔だとしみじみ思う。11. リバティの外観。チューダー・リヴァイヴァル様式の建物。カーナビー・ストリー

トはここからほんの少し路地を曲がったあたり。12. リバティ百貨店の吹き抜けの天井。ハロッズより断然私はリバティ派。特に好きなのが1階の小物を扱うフロア。セレクトショップのような品揃え。販売員は私服。みな個性的でお洒落だった。13. ちょっと足を伸ばして訪れたパリのパレ・ロワイヤルで。ストライプの円柱と、私が持っている三角形のパッチワークのレザーバッグとの、組み合わせの妙。14. 1997年から、妹の千春と一緒に買い付けに行くようになった。冬の薄灰色のパリは、美しい。どこで撮っても絵になる。ドーヴァー海峡を隔てただけで、ロンドンとなにもかも違う。人も街も。

Conclusion
おわりに

　最初に私に「文章を書きなさい」と勧めた人は精神科医の斎藤学氏だ。20世紀も終わりの頃だった。「あなたは本来 "書く人" だ。もし書いたら、あなたが好きな、きれいな装丁の本を出してあげるよ」。甘美な言葉は私のナルシシズムをくすぐり、心地よく響き、私はその蜜だけを掬って反芻した。脳裏に浮かんだのは森茉莉が翻訳し、薔薇十字社から出版された『マドゥモァゼル・ルゥルゥ』。ヨーロッパの古書のようなフランス装の美麗な本だ。どのページにも薄いモーヴ色の透かし絵が入っている。

　しかし、同時に一番触れられたくない核心を突かれ、どきっとした。「ああ、とうとう言われてしまった」。表現したい気持ちは、ずっと心の奥底に澱（おり）となって沈んでいたが、"書く"という、それがなんであれ自分を曝け出すという危険で、ずうずうしい真似ができず、私は表現することから巧妙に逃げ続け、とうとう30年近くかかってしまったが、やっとあの時の約束——といってもこちらが一方的に結んだものかもしれないが——を果たせた思いがする。

　60年代にこれほど魅入られてしまったのは、"本当の60年代"には遅れて生まれたことと、その尻尾の部分くらいなら体験したからだ。ツイッギーが1967年10月に来日した時はテレビで彼女を見たし、少女向けの漫画誌にさえ、「ツイッギー物語」などという記事があり、彼女の生い立ちや身長、体重まで書かれていた。167センチ、41キロ。忘れもしないこの数字。イギリスにはビートルズという、恐ろしげな風貌で髪も髭もぼうぼうな音楽グループがいた。新宿にはフーテンと呼ばれる若者がたむろし、ヒッピーという女も男もずいぶん崩れたなりをした、平和が好きらしい、のらりくらりとした人たちがいた。大学生は「安保反対！」とデモをし、東大の安田講堂が封鎖され、立て籠もった学生に向かって機動隊は放水した。土曜の午後は、大橋巨泉と『ミュージック・ライフ』編集長の星加ルミ子が司会をする音楽番組「ビートポップス」のスタジオで、カッコいいお兄さんやお姉さんが洋楽のヒット曲に合わせてダンスを踊っていた。でも、そ

れは全部、新聞やテレビのなかの出来事。遅れてきた自分が恨めしかった。

　「なぜあのなかに私はいないの？」

　私が高校に入った年は、高校の学園紛争も終わっていた。制服は廃止され、自分たちが勝ち取ったわけではない、既に用意された生温い自由のなかにいた。映画『いちご白書』(1970)を観て、あんな風に学長室をロック・アウトしたり、仲間の学生たちと講堂に結集してジョン・レノンの「平和を我等に」を歌って"体制"に抗議したいと思っていたのに。なんてつまらない！　ラジオからはジェイムズ・テイラーの「ファイアー＆レイン」が流れ、激しい季節が去ったあとの荒れ果てた時代を、その淡々とした歌声がそっと優しく撫でた。

　私は"dig"するのが好きだ。掘ること。私の仕事は遺跡発掘になぞらえてもいい。時代の断片を集めて、修復し、もとの形に完成させること。それが、60年代だっただけだ。なぜロンドンかって？　それは、あの時代ならイギリスに決まっているではないか。女王陛下とビートルズとミニスカートの国。"dig"することは非常に時間もかかるし、要領もよくない。本物に出会うために原野を彷徨う。私の歩いたあとにはたくさんの拾い切れなかった物や紛い物が落ちているはずだ。そのかわりピースとピースが繋がり、謎が解けた時の無上の喜びを知ってしまったから、やめられないでいられるのだ。

　最後になるが、この本を企画からずっと付き合い、伴走してくださった編集者の吉田けいさんに感謝したい。彼女なしではこの本は実現しなかった。彼女はまたシンガーでもあり、ジュディ・ドリスコールのような素晴らしいルックスの持ち主である。

2023年 12月　金子美雪

Bibliography
参考文献

Books

Antonioni, Michelangelo. *Blow-Up : A Film by Michelangelo Antonioni*. Lorrimer Publishing. 1984

Bernard, Barbara. *Fashion in the 60's*. Academy/St. Martin's. 1978

Block, David. *Carnaby Street: City of Westminster W1*. Lord Kitchener.

Boyd, Pattie. *Wonderful Today: The Autobiography of Pattie Boyd*. Headline Review. 2007

Boyd, Pattie. *Pattie Boyd: My Life in Pictures*. Reel Art Press. 2022

Breward, Christopher (ed.) & David Gilbert (ed.), Jenny Lister(ed.). *Swinging Sixties: Fashion in London and Beyond. 1955-1970*. V&A Publications. 2006

Cawthorne, Nigel. *The Sixties Source Book: A Visual Reference to the Style of a Generation*. Virgin Books. 1989

Clark, Ossie and Henrietta Rous (ed.). *The Ossie Clark Diaries: In Doze Days*. Bloomsbury Publishing PLC. 1998

Cooper, Michael & Terry Southern. *The Early Stones: Legendary Photographs of a Band in the Making 1963-1973*. Hyperion Books. 1992

Faithfull, Marianne & David Dalton. *Faithfull: An Autobiography*. Cooper Square Press. 2000

Fogg, Marnie. *Boutique: A 60's Cultural Phenomenon*. Mitchell Beazley. 2003

Gorman, Paul. *The Look: Adventures in the Rock and Pop Fashion*. Sanctuary Pub Ltd, 2001

Gorman, Paul. *Tommy Roberts: Mr. Freedom: British Design Hero*. Adelita Ltd, 2013.

Green, Felicity. *Sex, Sense and Nonsense: Felicity Green on the '60s Fashion Scene*. Acc Art Books. 2014

Green, John D.. *Birds of Britain*. Bodley Head. 1967

Green, Jonathan. *All Dressed Up: Sixties and the Counterculture*. Pimlico. 1999

Grunenberg, Christoph (ed.) & Jonathan Harris (ed.). *Summer of Love: Psychedelic Art, Social Crisis and Counterculture in the 1960s*. Liverpool University Press. 2006

Havilah, Stephen. *Jane Birkin: The Life Story of an Icon and Singer; Jane Birkin*. Independently published. 2023

Helms, Laura Mclaws & Venetia Porter. *Thea Porter: Bohemian Chic*. Victoria & Albert Museum. 2015

Hillman, David. David Gibbs (ed.), Harri Peccinotti. *Nova 1965-1975*. Batsford. 2019

Hulanicki, Barbara. *From A to Biba: The Autobiography of Barbara Hulanicki*. Victoria & Albert Museum. 2007

Hulanicki, Barbara & Martin Pel. *The Biba Years: 1963-1975*. Victoria & Albert Museum. 2014

Jagger, Chris. *Talking to Myself*. BMG Books. 2021

Kelly, Deirdre. *Fashioning the Beatles: The Looks that Shook the World*. Sutherland House Books. 2023

Lawson, Twiggy. *Twiggy: An Autobiography*. Mayflower Books Ltd. 1976

Lester, Richard. *Boutique London: A History: King's Road to Carnaby Street*. Acc Editions. 2010

Lester, Richard. *John Bates: Fashion Designer*. Acc Pub Group. 2008

Lester, Richard. *Photographing Fashion: British Style in the Sixties*, Acc Editions. 2009

Lister, Jenny. *Mary Quant*. Victoria & Albert Museum. 2019

Lobenthal, Joel. *Radical Rags: Fashions of the Sixties*, Abbeville Pr. 1990

Lutyens, Dominic & Kristy Hislop. *70s Style & Design*. Thames & Hudson. 2009

Marshall, Jim. *The Rolling Stones 1972 50th Anniversary Edition*. Chronicle Books. 2022

Miles, Barry & Charles Perry, James Henke (ed.). *I Want to Take You Higher: The Psychedelic Era 1965-1969*. Chronicle Books. 1997

Miles, Barry. *Hippie*. Sterling Pub Co Inc. 2004

National Portrait Gallery. *Twiggy: A Life in Photographs*. National Portrait Gallery Publications. 2009

Nothdruft, Dennis (ed.) & Zandra Rhodes (ed.). *Zandra Rhodes: 50 Fabulous Years in Fashion*. Yale University Press. 2019

Randolph, Mike. *"Rolling Stones" Rock and Roll Circus*. Faber & Faber. 1991

Rock, Mick. *Glam!: An Eyewitness Account*. Vision on. 2006

Rolling Stones & Anthony Decurtis. *The Rolling Stones: Unzipped*. Thames & Hudson. 2021

Salter, Tom. *Carnaby Street*. M & J Hobbs. 1970

Schlesinger, Peter. *A Chequered Past: My Visual Diary of the 60's and 70's*. Thames & Hudson Ltd. 2004

Shrimpton, Jean. *My Own Story: The Truth about Modelling*. Bantam Books. 1965

Vyner, Harriet. *Groovy Bob: The Life and Times of Robert Fraser*. Faber & Faber. 2001

Watt, Judith. *Ossie Clark 1965-1974*. Victoria & Albert Museum. 2003

Webb, Iain R. *Bill Gibb: Fashion and Fantasy*. V&A Publishing. 2008

Webb, Iain R. *Foale and Tuffin: The Sixties, a Decade in Fashion*. Acc Editions. 2009

Wells, Simon. *She's a Rainbow: The Extraordinary Life of Anita Pallenberg*. Omnibus Press. 2020

Whitley, Lauren. *Hippie Chic*. MFA Publications. 2013

Winder, Elizabeth. *Parachute Women: Marianne Faithfull, Marsha Hunt, Bianca Jagger, Anita Pallenberg, and the Women Behind the Rolling Stones*. Hachette Books. 2023

アマンダ・リア（北川重男訳）『サルバドール・ダリが愛した二人の女』西村書店 . 2001

アンジェラ・ボウイ , パトリック・カー（豊岡真美訳）『哀しみのアンジー──デヴィッド・ボウイと私と 70's (The inside story)』大栄出版 . 1993

アンソニー・スカデュト（小林宏明訳）『ミック・ジャガー』晶文社 . 1975

A. E. ホッチナー（川本三郎 , 実川元子訳）『涙が流れるままに──ローリング・ストーンズと 60 年代の死』角川書店 . 1991

エリック・クラプトン（中江昌彦訳）『エリック・クラプトン自伝』イースト・プレス . 2008

大島弓子『大島弓子選集 第 5 巻 いちご物語』朝日ソノラマ . 1986

グラント・マクラッケン（成実 弘至訳）『ヘア・カルチャー──もうひとつの女性文化論』PARCO 出版 . 1998

グレース・ミラベラ（実川元子訳）『ヴォーグで見たヴォーグ』文春文庫 . 1997

クレメンス・デビッド・ハイマン（広瀬順弘訳）『リズ』上・下 . 読売新聞社 . 1996

サイモン・ネピアベル（茂木恵美子訳）『ロック伝説 60s ──この胸のときめきを』宝島社 . 1985

ジェニー・フェビアン , ジョニー・バイアン（佐和誠訳）『グルーピー』角川書店 . 1971

ジョージ・メリー（三井徹訳）『反逆から様式へ──イギリス・ポップ芸術論』音楽之友社 . 1973

ジョン・レノン（片岡義男訳）『回想するジョン・レノン──ジョン・レノンの告白』草思社 . 1974

スタンリー・ブース（上田賢一訳）『悪魔と踊れ！──ローリング・ストーンズ物語』ソニー・マガジンズ . 1985

高橋靖子『表参道のヤッコさん』アスペクト . 2006

デイヴィド・ドルトン編（三井徹訳）『ローリング・ストーンズ・ブック』草思社 . 1973

トニー・サンチェス（中江昌彦／大森庸雄訳）『悪魔を憐れむ歌 誰も書かなかったローリング・ストーンズの内幕』クイックフォックス社 . 1980

服部美鈴編『TWIGGY ── PLEASE GET MY NAME RIGHT』プチグラパブリッシング . 2004

ブリジット・バルドー（渡辺隆司訳）『ブリジット・バルドー自伝 イニシャルは BB』早川書房 . 1997

プリンス・ルパート・ローウェンスタイン（湯浅恵子訳）『ローリング・ストーンズを経営する──貴族出身 "ロック最強の儲け屋 " マネージャーによる 40 年史』河出書房新社 . 2015

マーク・ハドキンソン（野間けい子訳）『マリアンヌ・フェイスフル──アズ・ティアーズ・ゴー・バイ』キネマ旬報社 . 1993

マイケル・グロス（吉澤康子訳）『トップモデル──きれいな女の汚い商売』文春文庫 . 1996

マイケル・ライドン（中上哲夫訳）『ローリング・ストーンズ』晶文社 . 1971

マリー・クワント（藤原美智子訳）『ミニの女王 マリー・クワント自伝』鎌倉書房 . 1969

マリー・クゥント（野沢佳織訳）『マリー・クゥント』晶文社 . 2013

水上はるこ『新ロンドンに行きたい──ロックと最新流行を体験する旅』シンコー・ミュージック . 1987

南静『第二次大戦後から現代まで（パリ・モードの 200 年）』文化出版局 . 1990

ニック・コーン（奥田祐士訳）『誰がメンズファッションをつくったのか？ 英国男性服飾史』DU BOOKS. 2020

山口小夜子『小夜子の魅力学』文化出版局 . 1983

山本寛斎『熱き心 寛斎の熱血語 10 カ条』PHP 研究所 . 2008

Magazines

British Vogue. The Condé Nast Publications. 1964-1974

19. IPC Magazines Ltd. 1969. 2-4

Nova. George Newnes Ltd. 1965-1967

rave. George Newnes Ltd, IPC Magazines Ltd. 1964-1971

seventeen. Triangle Publications. 1971. 1

『anan ELLE JAPON』平凡出版 . 1970-1973

『CD ジャーナルムック STRANGE DAYS COMPILE SERIES VOL. 1 ロック・ミーツ・アート . シーディージャーナル . 2001

『スクリーン』近代映画社 . 1968. 10, 1968. 12

『スタジオ・ボイス』インファス . 1998. 11

『ニューミュージック・マガジン』ニューミュージック・マガジン社 . 1972. 8

『POPEYE』平凡出版 . 1979. 12/25, 1980. 12/10

『平凡パンチ』平凡出版 . 1971. 10/4

『ミュージック・ライフ』新興楽譜出版社 . 1966-1973

『森英恵流行通信』ファッションハウス 森 英恵 ,『流行通信』流行通信編集室 . 1966-1973

Newspapers

" ツイッギー のテレビ出演 ". 報知新聞 . 1967. 10/22

" ツイッギー 来日の舞台裏 ". 東京中日新聞 . 1967. 10/11

Online Magazines

Chilton, Charlotte. *"Bianca Jagger's Life in Photos"*. Harpers Bazaar. 2020. 8/13

Cicchetti, Fulvio. *"Jean Shrimpton"*. Vogue Italia.

Cott, Johnathan. *"Mick Jagger: The Rolling Stone Interview"*. Rolling Stone. 1968. 10/12

Cope, Rebecca. *"How Bianca Jagger's wedding suit paved the way for fashion-forward brides"*. Tatler. 2020. 8/6

GhesquiÃ¨re, Nicolas. *"Grace Coddington"*. Interview. 2012. 11/28

Grow, Kory. *'That Evil Kind of Feeling': The Inside Story of Black Sabbath's Iconic Cover Art"*. Rolling Stone. 2020. 2/13

Jones, Dylan. *"London swings: How Britain invented the Sixties"*. GQ. 2020. 8/22

Lalanne, Olivier. *"From the archive: When Jane Birkin confided in Vogue"*. Vogue France. 2023.7/16

Menkes, Suzy. *"Under a Shady Tree"*. Vogue Japan. 2014. 8/6

Nathanson, Hannah. *"Jane Birkin On Chasing Beauty: 'I Used To Sleep With An Eye Pencil Under My Pillow'"*. ELLE. 2023. 7/17

Newbold, Alice. *"Icon Of Swinging London Penelope Tree On Making A Fashion Comeback For Fendi At 70"*. British Vogue. 2020. 9/25

Niven-Phillips, Lisa. *"Vidal Sassoon: Beauty Tribute"*. British Vogue. 2012. 5/10

Pinnock, Tom. *"Try on, tune in, drop out: the story of Granny Takes A Trip and London's psychedelic tailors"*. Uncut. 2018. 1/5

Proudfoot, Jenny. *"We look back at 27 times Jane Birkin inspired our wardrobes"*. Marie Claire. 2023. 7/17

Rolling Stone. *"Mick Jagger Rocks His Own Wedding Reception in St. Tropez"*. Rolling Stone. 1971. 6/10

Rolling Stone. *"Rolling Stones Announce Spring World Tour, Xmas TV Show in Works"*. Rolling Stone. 1968. 12/21

Ruffner, Zoe. *"Jane Birkin on Her New Album and the Only Three Makeup Products She Uses at 74"*. Vogue. 2021. 1/22

Schwiegershausen, Erica. *"Revisiting Glorious Images of Veruschka From Blow-Up"*. The Cut. 2014. 9/25

Sowray Bibby. *"Jean Shrimpton"*. British Vogue. 2012. 2/6

Winder, Elizabeth. *"How Anita Pallenberg Transformed the Rolling Stones From 'Schoolboys' to Stars"*. Rolling Stone. 2023. 7/24

Online Newspapers

Adams, Tim. *"Patriot games: why flying the union jack has become so contentious"*. The Guardian. 2021. 3/28

Alonso, Román & Lisa Eisner. *"STYLE; Rhodes Scholars"*. The New York Times. 2002. 6/23

Baird-Murray, Kathleen. *"A tale of two legends: Vidal Sassoon and Leonard were the kings of 1960s crimping. Only one ended up a millionaire"*. The Sunday Times. 2012. 3/20

Barber, Lynn & Katie Toms. *"Lady Rolling Stone"*. The Guardian. 2008. 2/24

Boler, Sandy. *"Marit Allen: 'Vogue' fashion editor and costume designer on 'White Mischief' and 'Brokeback Mountain'"*. INDEPENDENT. 2007. 12/1

Brown, Mick. *"Mick Jagger's white dress cast him as a romantic hero"*. The Telegraph. 2013. 7/3

Conrad, Peter. *"The big picture: Catherine Deneuve and David Bailey at Annacat fashion show, 1965"*. The Guardian. 2011. 11/20

Crenshaw, Mary Ann. *"At Sassoon, There's a New No. 1 Hairdresser"*. The New York Times. 1971. 10/18

Elan, Priya. *"Peacock revolution back with label that dressed Mick Jagger and David Bowie"*. The Guardian. 2016. 3/13

Fabian, Jenny. *"Syd Barrett: If you see Syd, tell him"*. The Guardian. 2001. 11/13

France, Louise. *"'People thought I was a freak. I kind of liked that!'"*. The Guardian. 2008. 8/3

Gorman, Paul. *"David Bowie: his style story, 1972-1973"*. The Guardian. 2015. 8/4

Helmore, Edward. *"'How I helped to make Jimi Hendrix a rock'n'roll star'"*. The Guardian. 2013. 9/14

Hevesi, Dennis. *"Marit Allen, Costume Designer for Movies, Dies at 66"*. The New York Times. 2007. 12/13

Horwell, Veronica. *"John Bates obituary"*. The Guardian. 2022.6/17

Horwell, Veronica. *"Leonard of Mayfair obituary"*. The Guardian. 2016. 12/15

Horwell, Veronica. *"Obituary: Marit Allen"*. The Guardian. 2007. 12/1

Invisible Woman. *"Life before Vidal Sassoon meant a weekly trip to the salon (and not a hair out of place)"*. The Guardian. 2012. 5/10

Jagger, Bianca. *"Yves Saint Laurent"*. The Guardian. 2008. 12/14

Jones, Jonathan. *"The life of Riley"*. The Guardian. 2008. 7/5

Kellaway, Kate. *"Maggie's centres: how one woman's vision is changing cancer treatment"*. The Guardian. 2011. 2/20

Leitch, Luke. *"A look back at the life of Tommy Nutter"*. The Times. 2011. 5/18

Menkes, Suzy. *"A Fashion King Peddled The Chase"*. The New York Times. 2003. 7/23

Menkes, Suzy. *"Bill Gibb: A bittersweet story of a forgotten designer"*. The New York Times. 2008. 11/24

Menkes, Suzy & International Herald Tribune. *"Innocence and decadence: Remembering Ossie Clark"*. The New York Times. 2003. 7/22

Reed, Christopher. *"Vidal Sassoon obituary"*. The Guardian. 2012. 5/9

Salewicz, Chris. *"Tommy Roberts: Designer who dressed Swinging London and pioneered the 'retro' look"*. INDEPENDENT. 2012. 12/19

Trebay, Guy. *"Jane Birkin: Decades of Effortless Elegance"*. The New York Times. 2023. 7/16

Vincentelli, Elisabeth. *"Jane Birkin: An Adventurous Artist Made in England, Forged in France"*. The New York Times. 2023. 7/16

Wade, Alex. *"The Saturday interview: Jean Shrimpton"*. The Guardian. 2011. 4/30

Wilson, Eric. *"An End to Bad-Hair Days"*. The New York Times. 2012. 5/11

Wilson, Eric. *"Penelope Tree, Beguiling the Camera Again"*. The New York Times. 2012. 2/8

(Author Unknown). *"Marit Allen: Innovative Swinging Sixties fashion journalist who went on to become a highly esteemed costume designer for films"*. The Times. 2007. 12/8

Anouchka（アヌーシュカ）の'60s-'70s
英国（えいこく）ヴィンテージトピア A to Z
31のキーワードとヴィジュアルで読み解く
ロンドンファッション

2024年2月1日　初版発行

著　　　　　金子美雪（かねこみゆき）

デザイン　　三浦瞳
編集　　　　吉田けい

制作　　　　筒井奈々（DU BOOKS）

発行者　　　広畑雅彦
発行元　　　DU BOOKS
発売元　　　株式会社ディスクユニオン
　　　　　　東京都千代田区九段南 3-9-14
　　　　　　編集　tel 03-3511-9970 ／ fax 03-3511-9938
　　　　　　営業　tel 03-3511-2722 ／ fax 03-3511-9941
　　　　　　https://diskunion.net/dubooks/

印刷・製本　　シナノ印刷

ISBN 978-4-86647-215-7
Printed in Japan
©2024　Miyuki Kaneko / diskunion

本書の感想をメールにてお聞かせください。
dubooks@diskunion.co.jp

Cover Photo：©Hiroshi Yoda. anan ELLE JAPON. 平凡出版 . 1971. 7

DU BOOKS

SHOKOのロンドンファッション・スタイルブック
自分らしくいるための、おしゃれなセンスの磨き方
SHOKO 著

英・キャサリン妃も愛用のブランド「メリメロ」とのコラボでも話題のSHOKO（アーティスト／ミュージシャン／モデル）が、ロンドンガールズのおしゃれのヒミツを大解剖!!
個性と伝統をいかし、流行を気にせず好きなものを着る、上質なロンドンファッションの魅力を徹底紹介！

本体1800円＋税　B5変形　168ページ

誰がメンズファッションをつくったのか？
英国男性服飾史
ニック・コーン 著　奥田祐士 訳　デーヴィッド・マークス 解説

60年代のファッション革命を可能にした、店主、店員、仕掛け人、デザイナー、ロックスターたち……。
保守的な紳士服業界が変わっていくさまと、変革の時代を創造し、サバイブした人びとに焦点を当てた名著。英語版は10万円以上で取引されてきた書籍『Today, There are No Gentlemen』が、ファッション大国ニッポンで復刊！

本体2800円＋税　四六　368ページ

AMETORA（アメトラ）日本がアメリカンスタイルを救った物語
日本人はどのようにメンズファッション文化を創造したのか？
デーヴィッド・マークス 著　奥田祐士 訳

「戦後ファッション史ではなく、まさにこの国の戦後史そのものである」（宮沢章夫氏）ほか、朝日新聞（森健氏）、日本経済新聞（速水健朗氏）など各メディアで話題！
石津祥介、木下孝浩（POPEYE編集長）、中野香織、山崎まどか、ウィリアム・ギブスンなどが推薦文を寄せて刊行された、傑作ノンフィクション。

本体2200円＋税　四六　400ページ＋口絵8ページ　好評8刷！

70s原宿 原風景
エッセイ集 思い出のあの店、あの場所
中村のん 著

70年代、「ファッションの街」が誕生した時代。原宿から人生が始まった。
高橋靖子／中西俊夫／藤原ヒロシ／大久保喜市／柳本浩市／ミック・イタヤ…他45人の珠玉の青春エッセイ集。みんな何者でもなかった。でも、自由だった。そして、ドキドキ、ワクワクしていた。恋に。音楽に。ファッションに。これからの自分に。貴重な写真や資料も掲載！

本体2200円＋税　A5　264ページ